Photoshop Elements 15

Photoshop Elements 15

Sehen und Können

Michael Gradias

Dieses Werk einschließlich aller Inhalte ist urheberrechtlich geschützt. Alle Rechte vorbehalten, auch die der Übersetzung, der fotomechanischen Wiedergabe und der Speicherung in elektronischen Medien.

Bei der Erstellung von Texten und Abbildungen wurde mit größter Sorgfalt vorgegangen. Trotzdem sind Fehler nicht völlig auszuschließen. Verlag, Herausgeber und Autoren können für fehlerhafte Angaben und deren Folgen weder eine juristische Verantwortung noch irgendeine Haftung übernehmen. Für Anregungen und Hinweise auf Fehler sind Verlag und Autoren dankbar.

Die Informationen in diesem Werk werden ohne Rücksicht auf einen eventuellen Patentschutz veröffentlicht. Warennamen werden ohne Gewährleistung der freien Verwendbarkeit benutzt. Nahezu alle Hard- und Softwarebezeichnungen sowie weitere Namen und sonstige Angaben, die in diesem Buch wiedergegeben werden, sind als eingetragene Marken geschützt. Da es nicht möglich ist, in allen Fällen zeitnah zu ermitteln, ob ein Markenschutz besteht, wird das ®-Symbol in diesem Buch nicht verwendet.

ISBN 978-3-95982-063-9

© 2016 by Markt+Technik Verlag GmbH
 Espenpark 1a
 90559 Burgthann

Produktmanagement Christian Braun, Burkhardt Lühr
Herstellung, Lektorat Jutta Brunemann
Einbandgestaltung David Haberkamp
Coverfotos © stockphoto-graf, Denys Kurbatov – Fotolia.com
Satz Michael Gradias, Wolfenbüttel, www.gradias.de
Fotografien Michael Gradias, Wolfenbüttel, www.gradias-foto.de
Druck Media-Print, Paderborn
Printed in Germany

Liebe Leserin, lieber Leser,

in diesem Buch lernen Sie Photoshop Elements kennen – ein sehr interessantes Programm für den ambitionierten Fotografen.

Bild für Bild zeige ich Ihnen, wie Sie sehr leicht Ihre Fotos von der Kamera auf den Computer übertragen und dort verwalten. Sind Bilder nicht ganz so gut gelungen, macht das gar nichts: Schritt für Schritt erfahren Sie, wie Sie zum brillanten Bild gelangen. Dies ist gar nicht so schwer, wie es vielleicht zunächst erscheinen mag.

Die verwendeten Bilder finden Sie übrigens auf meiner Website *www.gradias.de* im Fachbücher-Bereich. Sie können die Bilder zum Üben und für private Zwecke verwenden.

Ich wünsche Ihnen viel Freude bei der Arbeit mit Elements. Ich hoffe, dass Ihnen dieses Buch viele Tipps und Anregungen zum Thema geben kann.

Ihr Autor Michael Gradias

1 Die Neuerungen im Überblick   13

Neuerungen im Organizer 14
Smart-Tags nutzen 16
Die Sofortkorrektur einsetzen 18
Neue Effekte im Assistent-Modus 20
Freistellen mit Perspektivkorrektur 22
Weitere Neuerungen 24

2 Von der Kamera auf den Rechner   27

Photoshop Elements 15 installieren 28
Die Fotos sind im Kasten 30
Fotos von der Speicherkarte übertragen 32
Der Katalog wird gestartet 34
Die Fotos sichten 36
Schlechte Fotos löschen 38
Fotos von der Festplatte aufnehmen 40
Erweiterte Importmöglichkeiten 42
Der Import ist abgeschlossen 44

3 Fotos anzeigen und ordnen   47

Photoshop Elements 15 starten 48
Eine Datensicherung durchführen 50
Voreinstellungen anpassen 52
Sortierkriterien festlegen 54
Detailinformationen anzeigen 56
Die Exif-Daten begutachten 58
Verknüpfungen reparieren 60
GPS-Daten verwenden 62
Neue Orte hinzufügen 64
Personen herausfiltern 66

Inhaltsverzeichnis

Ereignisse markieren 70
Schlüsselwörter verwenden 72
Neue Kategorien anlegen 74
Nach Schlüsselwörtern sortieren 76
Suchabfragen erstellen und verwalten 78
Weitere Suchfeld-Optionen 80
Stapel manuell erstellen 82
Visuelle Ähnlichkeit und Objektsuche 84
Alben einsetzen 86
Die Vollbildansicht verwenden 88

4 Photoshop Elements kennenlernen

91

Den Editor starten 92
Der Arbeitsbereich Assistent 94
Der Arbeitsbereich Schnell 96
Das Zoom-Werkzeug verwenden 98
Schnelle automatische Korrekturen 100
Vollständige Bearbeitung 102
Den Projektbereich verwenden 104
Mit den Palettenfenstern arbeiten 106
Weitere Bedienelemente 108

5 Fotos schnell korrigieren

111

Schnelle Korrekturen im Fotoeditor 112
Weitere Korrekturen 114
Die bearbeiteten Fotos speichern 116
Arbeiten mit Versionssätzen 118
Den Experte-Bereich personalisieren 120
Freistellen des Bildes 122
Die Bildqualität optimieren 124
Farbkurven anpassen 126

Inhaltsverzeichnis

6 Fotos bearbeiten — 129

Die Bildgröße ändern 130
Hintergründe in Ebenen verwandeln 132
Die Perspektive bearbeiten 134
Bilder gerade rücken 136
Bilder neu zusammensetzen 138
Einstellungsebenen verwenden 140
Drastische Bildkorrekturen 142
Farbverfälschte Bilder erstellen 144
Schwarz-Weiß-Umwandlungen 146
Die Funktion Verwacklung reduzieren 148
Die Dunstentfernung-Funktion 150
Formen ausstechen 152
Bildpartien ausbessern 154
Korrekturen mit dem Kopierstempel 156
Bildrauschen entfernen 158
Den Smartpinsel verwenden 160
Szenenbereinigung 164
Panoramabilder erstellen 166
Den Dynamikbereich erhöhen 168
Kameraverzerrungen ausgleichen 170
Mehrere Bilder bearbeiten 172

7 Fotokreationen erstellen — 175

Die Fotokreationen öffnen 176
Das Album vorbereiten 178
Die Diashow-Option 180
Die Diashow anpassen 182
Die Einstellungen der Diashow verändern 184
Ein Fotoalbum zusammenstellen 186
Optionen für die Bildbanderstellung 190
Bilder für Facebook nutzen 192
Fotocollagen erstellen 194

Inhaltsverzeichnis

8 Collagen in neuen Dokumenten — 197

Eine leere Seite öffnen 198
Einen Hintergrund gestalten 200
Eine Collage zusammenstellen 202
Ebenenstile zuweisen 204

9 Bildteile auswählen — 207

Einen rechteckigen Bereich auswählen 208
Einen Effektfilter anwenden 210
Eine freie Auswahlform 212
Eine neue Ebene aus einem Auswahlbereich 214
Das magnetische Lasso im Einsatz 216
Mit dem Zauberstab arbeiten 218
Das Schnellauswahl-Werkzeug 222
Den Auswahlpinsel einsetzen 224
Auswahlbereiche anwenden 226
Den Assistent-Bereich nutzen 228
Assistent-Ergebnisse variieren 230
Tolle Assistentenfunktionen 232
Spezielle Bearbeitungen 236

10 Tolle Effekte — 239

Aufbau der Effektfilter 240
Mit Effektfiltern arbeiten 242
Interessante Anpassungsfilter 246
Bilder malen mit Kunstfiltern 248
Spannende Malfilter im Einsatz 250
Konturen zum Leuchten bringen 252
Lauter kleine Stückchen 254
Punkt für Punkt platziert 256
Bilder verzerren 258
Stempeldruck mit Elements 260
Witzige Ergebnisse 262

Inhaltsverzeichnis

11 Mit Texten arbeiten — 265

Textattribute einstellen 266
Texte eingeben und skalieren 268
Den Text mit einer Kontur versehen 270
Schriftzüge verbiegen 272
Texte an Formen 276
Texte an eigenen Pfaden 278

12 Effekte mit Ebenenstilen — 281

Einen Ebenenstil zuweisen 282
Schriftzüge kolorieren 284
Vorlagen schnell verändern 286
Interessante Hintergründe gestalten 288
Einstellungsebenen einsetzen 290
Hintergründe effektvoll einsetzen 292

13 Arbeitserleichterungen und Voreinstellungen — 295

Arbeitsschritte zurücknehmen 296
Fremde Formate öffnen 298
RAW-Bilder bearbeiten 300
PDF-Dokumente automatisch umwandeln 302
Voreinstellungen anpassen 304
Zusatzmodule aktivieren 306
Der Vorgaben-Manager 308
Dokumente drucken 310
Mehrere Dokumente drucken 312

Lexikon — 315

Stichwortverzeichnis 328

Inhaltsverzeichnis

Die Neuerungen im Überblick

1

Neuerungen im Organizer

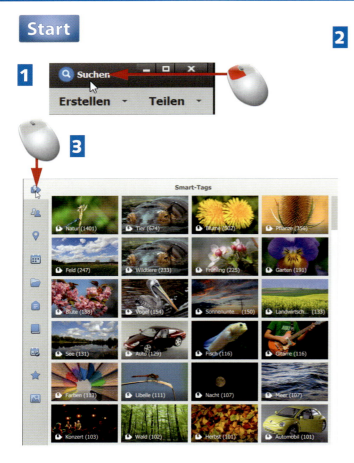

1 Rufen Sie den Suchen-Bereich über die Schaltfläche in der oberen rechten Ecke des Arbeitsbereichs auf.

2 Es wird ein neuer Bereich eingeblendet. Am linken Bildschirmrand werden die Suchkriterien aufgelistet.

3 Mit der ersten Option werden die ebenfalls neuen Smart-Tags angezeigt, wenn Sie den Mauszeiger über das Symbol halten.

Beim Organizer gibt es nicht allzu viel Neues in Photoshop Elements 15. Dennoch gibt es wichtige Neuerungen, die Ihnen helfen, große Bildbestände zu durchforsten. So bietet Elements 15 eine mächtige neue Suchoption, die Sie nutzen können, um bestimmte Fotos aus dem Bildbestand herauszufiltern.

Wissen

1 Die Neuerungen im Überblick   15

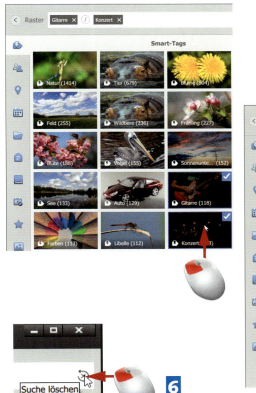

4 Klicken Sie auf die Themen, die Sie in die Suche aufnehmen wollen. Ein Haken oben rechts kennzeichnet die ausgewählten Tags.

5 Klicken Sie auf das Symbol zwischen den Schlagwörtern, um festzulegen, ob alle Suchkriterien oder nur ein einzelnes erfüllt sein müssen.

6 Mit dem Symbol oben rechts kann der Suchbereich geschlossen werden. Alternativ können Sie auf die *Raster*-Bezeichnung links klicken.

Ende

Sie können diverse Suchkriterien zusammenstellen. So lassen sich beispielsweise alle Naturaufnahmen herausfiltern, die mit fünf Sternen versehen wurden.	In der linken Leiste können Sie auch Personen-, Orts- oder Ereignis-Tags herausfiltern. Auch eine Alben-, Stichwörter- oder Ordnerfilterung lässt sich vornehmen.	Mit der *Ausschließen*-Option der Suchkriterien lassen sich Themenbereiche von der Suche ausschließen.
Tipp	**Hinweis**	**Hinweis**

16 Smart-Tags nutzen

Start

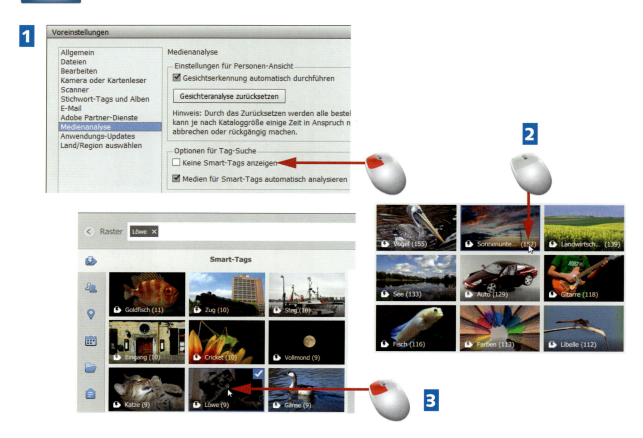

1 Sollen die Smart-Tags nicht angezeigt werden, können Sie in den Voreinstellungen in der *Medienanalyse*-Rubrik die markierte Option aktivieren.

2 Im *Suchen*-Modus werden die automatisch erkannten Themen angezeigt. Unten rechts sehen Sie, wie viele Vorkommnisse es zum Thema gibt.

3 Klicken Sie auf ein Miniaturbild, um die Vorkommnisse anzuzeigen.

Der Photoshop Elements Organizer untersucht standardmäßig den gesamten Bildbestand und ordnet den Bildern diverse Smart-Tags zu. Auch wenn die Funktion noch nicht perfekt arbeitet, ist sie eine Hilfe, um größere Bildbestände zu strukturieren und so Bilder schneller aufzufinden.

Wissen

1 Die Neuerungen im Überblick

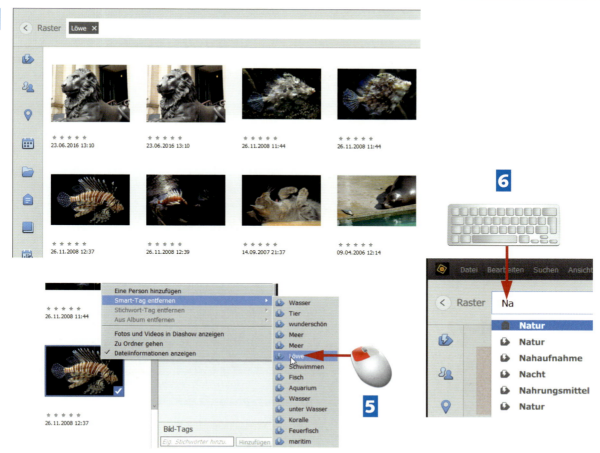

4 Nach dem Bestätigen werden alle Bilder mit dem entsprechenden Smart-Tag angezeigt. Im Beispiel sehen Sie, dass es auch viele Fehltreffer gibt.

5 Um falsche Smart-Tags zu entfernen, wechseln Sie zur Rasteransicht und rufen aus dem Kontextmenü die Option *Smart-Tag entfernen* auf.

6 Wenn Sie ein bestimmtes Thema suchen, können Sie im Kopfbereich den Begriff eintippen. Der Organizer schlägt beim Eintippen die Themen vor.

Ende

Zusätzlich zu den Smart-Tags können Sie eigene Tags zuweisen, um die Strukturierung weiter zu verfeinern.	Es liegt in der Natur der Sache, dass auch Bilder aufgenommen werden, die gar nicht zum Thema gehören, weil die automatische Bildanalyse das Motiv fehlinterpretiert hat.	Sie können diverse verschiedene Themen anklicken, um ein umfangreiches Suchergebnis bei ähnlichen Themen zu erhalten.
Tipp	**Hinweis**	**Hinweis**

18 Die Sofortkorrektur einsetzen

1 Markieren Sie im Organizer das zu optimierende Bild und rufen Sie in der Fußzeile die *Sofortkorrektur*-Option auf.

2 Damit wird ein neuer Arbeitsbereich geöffnet. Klicken Sie auf der rechten Seite des Arbeitsbereichs die …

3 … Korrekturfunktion an, mit der Sie das Bild verbessern wollen. Nach dem Aufruf werden verschiedene Varianten mit Miniaturbildern vorgeschlagen.

Sie konnten bereits in früheren Elements-Versionen Bilder im Organizer optimieren, ohne dass ein Starten des Fotoeditors nötig gewesen wäre. Diese Möglichkeiten wurden in der aktuellen Version deutlich erweitert. Die Funktion nennt sich nun „Sofortkorrektur" und ist über eine neue Schaltfläche in der Fußzeile erreichbar.

Wissen

1 Die Neuerungen im Überblick 19

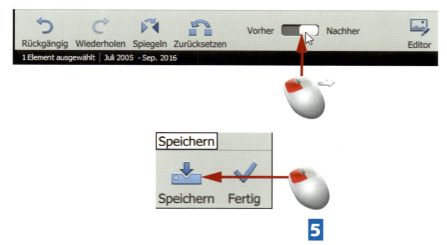

4 In der Fußzeile finden Sie unter anderem Optionen, um Veränderungen zurückzunehmen oder eine Vorher-Nachher-Ansicht anzuzeigen.

5 Wurden alle gewünschten Veränderungen vorgenommen, nutzen Sie die *Speichern*-Option, …

6 … um das Ergebnis zu sichern. Es wird zusammen mit dem Originalbild in einem Versionssatz gespeichert.

Tipp

In der Fußzeile finden Sie die *Editor*-Option. Sie können sie nutzen, wenn Sie erweiterte Bearbeitungen im Fotoeditor vornehmen wollen.

Hinweis

Einfache Bearbeitungen, wie etwa das Drehen der Bilder, erreichen Sie über die Symbole in der Fußzeile dieses Arbeitsbereichs.

20 Neue Effekte im Assistent-Modus

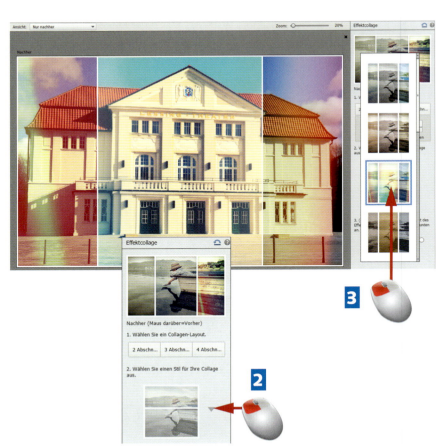

1 Zwei interessante neue Effekte finden Sie in der Rubrik *Kreative Bearbeitungen* des *Assistent*-Modus. Wählen Sie beispielsweise die *Effektcollage*.

2 Arbeiten Sie sich anhand der Erläuterungen im rechten Teil des Arbeitsbereichs voran. Klicken Sie auf den Pfeil, ...

3 ... werden Miniaturbilder zur Auswahl eingeblendet.

Bei den Filtern im *Assistent*-Bereich sind auch in der neuen Elements-Version interessante neue Bildlooks hinzugekommen, die sich dank der schrittweisen Anleitung einfach anwenden lassen.

Wissen

1 Die Neuerungen im Überblick

4 Beim Effekt mit der Bezeichnung *Fototexte* wird ein eingetippter Text mit dem zuvor ausgewählten Foto belegt.

5 Nach dem Eingeben des Textes und dem Festlegen der Parameter für den Text muss die Eingabe mit dem Haken bestätigt werden.

6 Abschließend können eine Kontur und ein Schatten festgelegt werden.

Je nach ausgewähltem Effekt unterscheidet sich die Anzahl der nötigen Arbeitsschritte deutlich voneinander.	Wenn man den Farbcharakter eines Fotos verändert, spricht man von **Bildlooks**.	Bei allen Assistenten handelt es sich um automatisierte Arbeitsabläufe. Wenn Sie den Fotoeditor beherrschen, können Sie im *Experte*-Modus gezielt Einfluss auf die Ergebnisse nehmen.
Hinweis	**Fachwort**	**Tipp**

22 Freistellen mit Perspektivkorrektur

Start

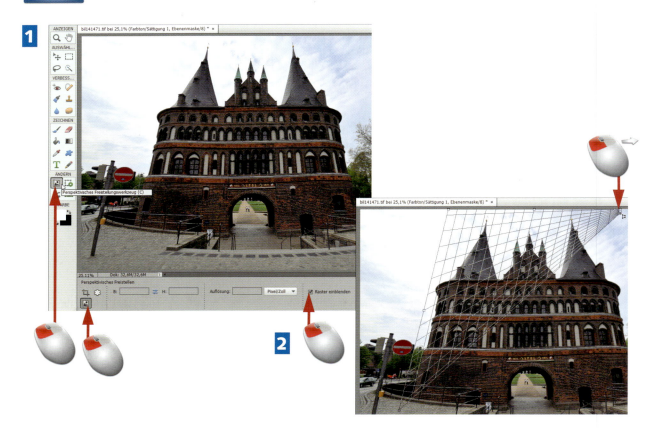

1. Rufen Sie aus der Werkzeugleiste das Freistellungswerkzeug auf und wählen Sie in den Optionen das Werkzeug *Perspektivisches Freistellungswerkzeug*.

2. Beachten Sie, dass im Werkzeugoptionen-Bereich die Option *Raster einblenden* aktiviert wurde.

3. Ziehen Sie mit mehreren Klicks den Bereich auf, der freigestellt werden soll. Das eingeblendete Raster hilft bei der Beurteilung der zu korrigierenden Verzerrung.

Auch im *Experte*-Bereich bietet Photoshop Elements 15 einige interessante Neuerungen an. So wurde beispielsweise das Freistellungswerkzeug um die Option erweitert, perspektivische Verzerrungen gleich beim Freistellen ausgleichen zu können.

Wissen

1 Die Neuerungen im Überblick 23

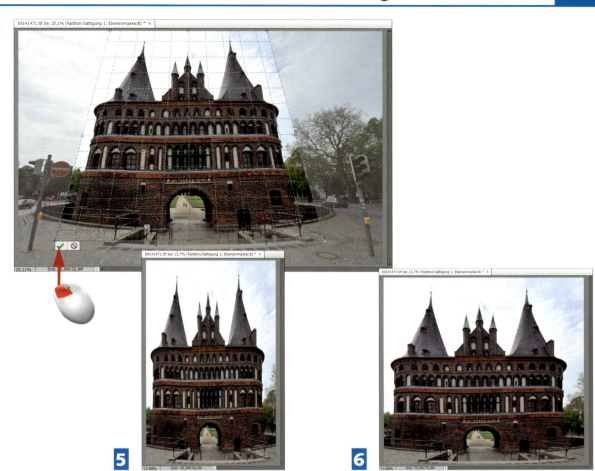

4 Nach dem Aufziehen des Gitters können Sie die Eckmarkierungspunkte verziehen. Bestätigen Sie den Rahmen mit einem Klick auf das Haken-Symbol.

5 Anschließend wird das entzerrte Ergebnis berechnet und angezeigt. Beim ausgewählten Beispiel ergab sich dieses Bild.

6 Um die unschöne Streckung zu korrigieren, wurde das Bild mit der *Skalieren*-Funktion in die Breite gezogen.

Ende

Die neue Option erleichtert die Arbeit, auch wenn dieselbe Funktionalität auch mit den bisherigen Werkzeugen erreicht werden konnte.

Dass bei derartigen Veränderungen „Streckungen" entstehen können, die man nachträglich korrigieren sollte, ist völlig normal.

Hinweis

Hinweis

Weitere Neuerungen

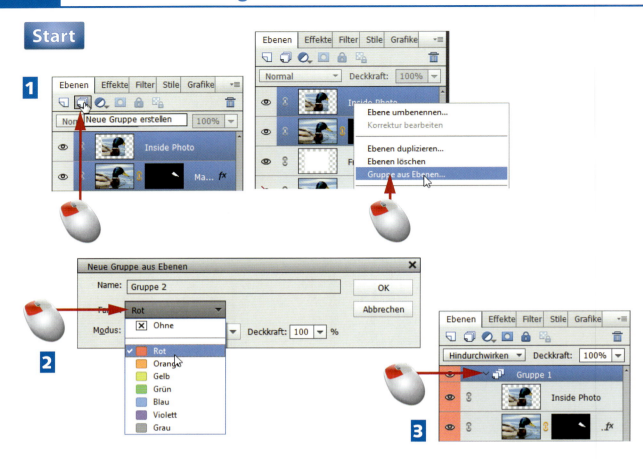

1. Mit dem Symbol in der Kopfzeile des *Ebenen*-Palettenfensters können Sie neue Gruppen erstellen oder Sie markieren Ebenen, um diese über das Kontextmenü zu gruppieren.

2. Zur besseren Strukturierung lassen sich die Gruppen auch mit einer Farbmarkierung versehen.

3. Die Gruppen können mit einem Klick auf den Pfeil geöffnet oder geschlossen werden.

Wenn Sie häufig mit vielen Ebenen arbeiten, ist die neue Möglichkeit, Gruppen erstellen zu können, hilfreich. So behalten Sie den Überblick. Auch beim Zuweisen von Effekten gibt es Neuerungen, die eine nuancierte Anpassung erlauben.

1 Die Neuerungen im Überblick

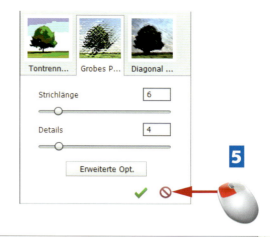
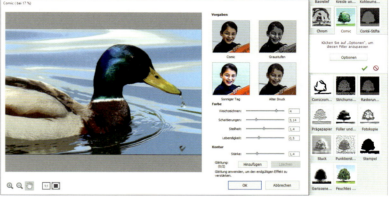

4 Wenn Sie einen Filter über das gleichnamige Palettenfenster zuweisen, werden Parameter zum Anpassen angeboten.

5 Mit den Symbolen unten rechts wird der Effekt nach dem Anpassen der Parameter zugewiesen oder abgebrochen.

6 Zusätzlich können Sie erweiterte Optionen aufrufen, die in einem eigenen Fenster bereitgestellt werden.

Ende

Es ist empfehlenswert, beim Aufbau von neuen Dokumenten die Möglichkeiten der Ebenengruppierung zu nutzen, um einen guten Überblick zu erhalten.	Elements 15 bietet verschiedene neue Rahmen und Hintergründe. Durchstöbern Sie die Bibliotheken einmal.	Die verfügbaren Optionen unterscheiden sich von Effekt zu Effekt.
Hinweis	**Hinweis**	**Hinweis**

Von der Kamera auf den Rechner

2

Photoshop Elements 15 installieren

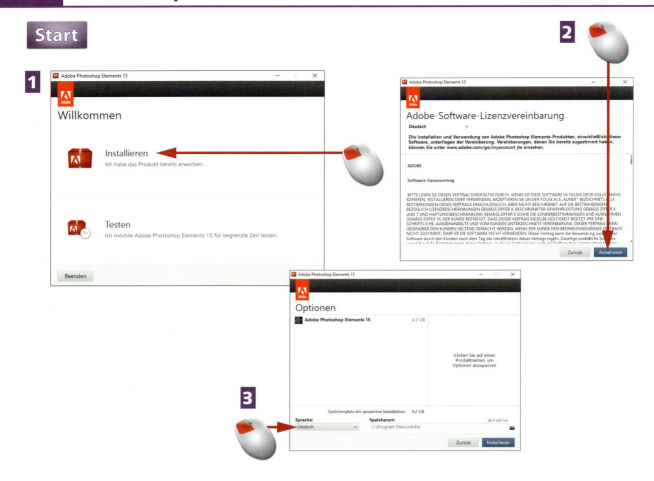

1 Installieren Sie zunächst Photoshop Elements. Hierbei unterstützt Sie ein Assistent.

2 Zum Aktivieren der Software müssen Sie sich bei Adobe anmelden. Bestätigen Sie die Nutzungsbedingungen.

3 Wählen Sie nach dem Start die Sprache in dieser Liste aus.

Bei der Installation von Photoshop Elements 15 begleitet Sie ein Assistent durch die erforderlichen Arbeitsschritte, sodass nichts schiefgehen sollte. Starten Sie nach der erfolgreichen Installation das Programm über das Windows-Startmenü.

Wissen

2 Von der Kamera auf den Rechner

4 Wählen Sie beim Start des Programms, ob Sie die Arbeit mit dem Organizer oder dem Fotoeditor beginnen wollen.

5 Falls Sie bereits einen Katalog mit einer früheren Elements-Version erstellt haben, kann dieser automatisch umgewandelt werden, was einen Moment dauern kann.

6 Wenn der Katalog fertig konvertiert wurde, erhalten Sie einen Hinweis, dass die Daten gesichert werden sollten.

Ende

Falls die Installation nicht automatisch startet, klicken Sie im Hauptverzeichnis das Programm *Autoplay.exe* doppelt an. Die erforderliche Seriennummer finden Sie auf der Rückseite der DVD-Box.	Falls Sie die Vorgängerversion noch auf Ihrem Rechner installiert haben, muss diese nicht zwingend deinstalliert werden. Sie können aber immer nur mit einer der Versionen arbeiten.	Nach erfolgreicher Installation sollte der Rechner neu gestartet werden.
Tipp	**Hinweis**	**Hinweis**

30 Die Fotos sind im Kasten

1 Die Fototour ist zu Ende. Die Fotos sind im „Kasten" – genauer gesagt im Speicher der digitalen Kamera, im Beispiel eine digitale Spiegelreflexkamera von Nikon.

2 Die Fotos sind auf Speicherkarten gesichert. Die Nikon verwendet sogenannte SD-Karten.

3 Einige Kameramodelle verfügen über verschiedene Speicherkarten. Die SD-Karte gibt es in unterschiedlich großen Kapazitäten.

Es gibt viele verschiedene Speicherkartentypen. Einige Varianten gibt es nur in geringen Speichergrößen. Die SD(HC/XC)-Karte ist inzwischen weitverbreitet und sehr beliebt. Ein Grund dafür ist unter anderem die große Kapazität. Sie erhalten diese Karten beispielsweise mit einer Kapazität von 8 bis 64 GByte. Das sollte auch für lange Fototouren ausreichen.

Wissen

2 Von der Kamera auf den Rechner 31

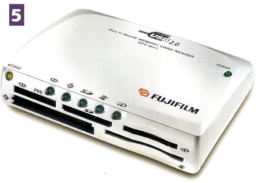

4 Nehmen Sie die Speicherkarte aus der Kamera und stecken Sie sie in den Kartenleser Ihres Rechners.

5 Verfügt Ihr Rechner nicht über ein internes Kartenlesegerät, lassen sich auch externe Varianten an den Rechner anschließen.

6 Die digitalen Fotos sollten nun von der Speicherkarte auf die Festplatte Ihres Rechners übertragen werden.

Ende

Einige Fotografen verwenden die Speicherkarte als „Festplatte". Das ist nicht zu empfehlen. Schnell kann es passieren, dass bei einem Defekt alle Daten „futsch" sind.	**Speicherkarten** dienen zur Sicherung der Fotos. Sie können die Speicherkarte mit dem Film bei einer analogen Kamera vergleichen.	Externe Kartenlesegeräte werden am USB-Anschluss Ihres Rechners angeschlossen.
Tipp	**Fachwort**	**Hinweis**

32 Fotos von der Speicherkarte übertragen

Start

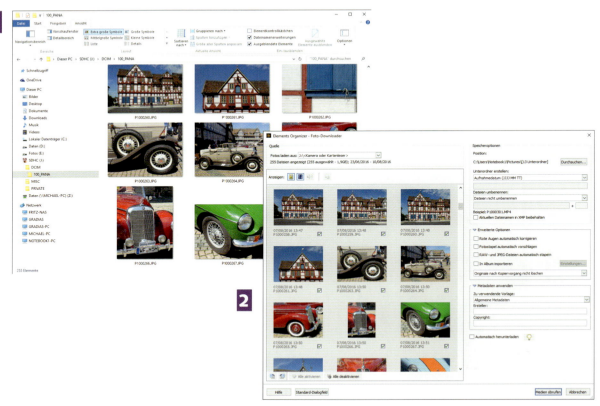

1 Legen Sie die Speicherkarte ein und kopieren Sie dann zum Beispiel mithilfe des Ordnerfensters die Dateien.

2 Bei der Installation wird Photoshop Elements standardmäßig so eingerichtet, dass sich beim Einlegen der Speicherkarte automatisch das *Foto-Downloader*-Dialogfeld öffnet. Um die Miniaturbilder zu sehen, muss die Option *Erweitertes Dialogfeld* angeklickt werden.

Für das Windows-Ordnerfenster ist die Speicherkarte eine „Festplatte". Nach dem Einlegen wird der neue „Wechseldatenträger" automatisch erkannt und als Festplatte angezeigt. Sie können dann die Daten – wie gewohnt – verwalten.

Wissen

2 Von der Kamera auf den Rechner 33

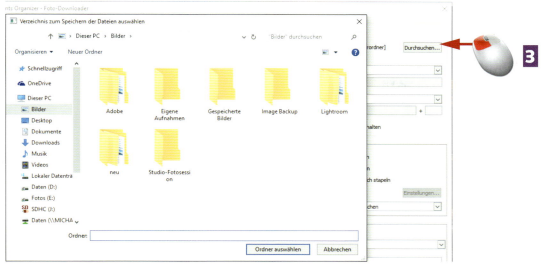

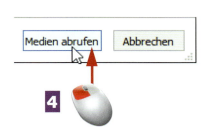

3 Klicken Sie auf die *Durchsuchen*-Schaltfläche, um in einem gesonderten Dialogfeld den Ordner anzugeben, in dem die Fotos abgelegt werden sollen.

4 Verwenden Sie die Schaltfläche *Medien abrufen*, um den Importvorgang zu starten.

5 Die Fotos werden nun der Reihe nach auf den Rechner kopiert. Die Fortschrittsanzeige zeigt dies an.

Ende

Tipp	Hinweis	Fachwort
Legen Sie einen gesonderten Ordner an, in dem Sie alle digitalen Fotos unterbringen.	Wenn die Option *Rote Augen automatisch korrigieren* aktiviert wurde, untersucht Photoshop Elements die Bilder darauf, ob rote Augen vorkommen, und korrigiert diesen Missstand.	Als **Importieren** bezeichnet man das Übertragen von Daten in einen Arbeitsbereich – wie etwa Photoshop Elements.

Der Katalog wird gestartet

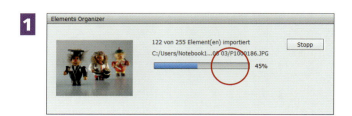

1 Nachdem die Bilder auf die Festplatte kopiert wurden, startet Elements den Katalog automatisch und importiert die Bilder.

2 Der erfolgreiche Import wird kurz in einem Schildchen angezeigt.

3 Photoshop Elements zeigt nach dem Import zunächst lediglich die importierten Bilder an. Wenn Sie alle Bilder des Katalogs einblenden wollen, klicken Sie auf die *Zurück*-Schaltfläche.

Wenn Sie viel digital fotografieren, ist eine gute Ordnung unabdingbar. So können Sie die Fotos beispielsweise in getrennten Ordnern ablegen, die nach dem Aufnahmedatum oder den Themenbereichen benannt sind.

Wissen

2 Von der Kamera auf den Rechner — 35

4 Anschließend sehen Sie diese Ansicht, die es erst seit Elements 13 gibt. Sie heißt Adaptivraster. Dabei wird der gesamte Bereich in der Mitte der Arbeitsfläche gefüllt. Um das zu erreichen, werden die Bilddarstellungsgrößen variiert.

5 Um die Detailansicht der früheren Versionen einzublenden, drücken Sie die Tastenkombination Strg+D. Dann sehen Sie diese Ansicht.

Tipp	Hinweis	Fachwort
Löschen Sie die Fotos gleich nach der Übertragung von der Speicherkarte. So ersparen Sie sich das spätere Löschen.	Wenn Sie sehr viele Fotos verwalten wollen, ist es durchaus sinnvoll, ein eigenes Laufwerk für die Fotos zu verwenden.	**Partitionen** dienen zur Aufteilung einer Festplatte in verschiedene Bereiche. Die Partitionen einer Festplatte zeigt der Windows-Explorer als getrennte Laufwerke an.

36 Die Fotos sichten

1 Wenn Sie viele Bilder übertragen haben, ist nur ein Teil davon im Arbeitsbereich zu sehen. Ziehen Sie den Scrollbalken, um die anderen Fotos anzuzeigen. In einem Schild wird während des Ziehens das Datum angezeigt.

2 Wollen Sie eines der Fotos genauer unter die „Lupe" nehmen, klicken Sie es einfach doppelt an.

3 Es wird dann so groß angezeigt, dass es den mittleren Arbeitsbereich ausfüllt.

Das Sichten der Fotos nach dem Übertragen ist nützlich und wichtig. So sehen Sie schnell, ob beispielsweise unscharfe Bilder gelöscht werden müssen oder ob die Bearbeitung von Bildfehlern nötig wird.

Wissen

2 Von der Kamera auf den Rechner 37

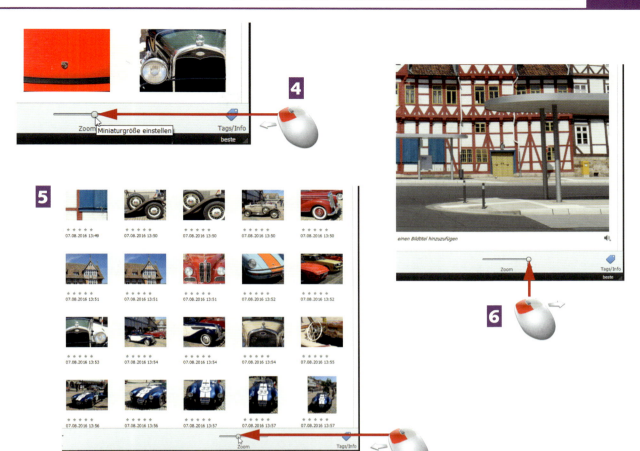

4 Die Größe der Miniaturbilder ist variabel. Ziehen Sie den Schieberegler, um die Miniaturbildgröße anzupassen.

5 Je weiter Sie den Regler nach links ziehen, umso kleiner sind die angezeigten Miniaturbilder.

6 Ziehen Sie den Regler nach rechts, um die Darstellung nach Wunsch zu vergrößern.

Ende

Um von der vergrößerten Bilddarstellung zur Übersicht zurückzukehren, klicken Sie erneut doppelt in das Bild.

Um einen Überblick über den Inhalt eines Katalogs zu gewinnen, verkleinern Sie die Miniaturbilder. Zur Beurteilung der Bildqualität sollten Sie die Ansicht vergrößern.

Hinweis   **Hinweis**

38 Schlechte Fotos löschen

Start

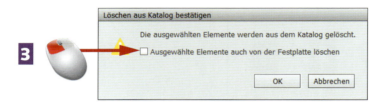

1 Fotos, die Sie bereits in der Vorschau als misslungen erkennen, können Sie gleich löschen. Klicken Sie das betreffende Foto mit der rechten Maustaste an ...

2 ... und rufen Sie im Kontextmenü die Funktion *Aus Katalog löschen* auf.

3 Markieren Sie die Option *Ausgewählte Elemente auch von der Festplatte löschen*, wenn Sie das Foto nicht nur aus dem Katalog entfernen wollen.

Ist die Option *Ausgewählte Elemente auch von der Festplatte löschen* deaktiviert, wird das Foto nur aus dem Katalog entfernt. Auf der Festplatte befindet sich das Bild dann aber immer noch, und Sie können es jederzeit wieder in den Katalog importieren.

Wissen

2 Von der Kamera auf den Rechner 39

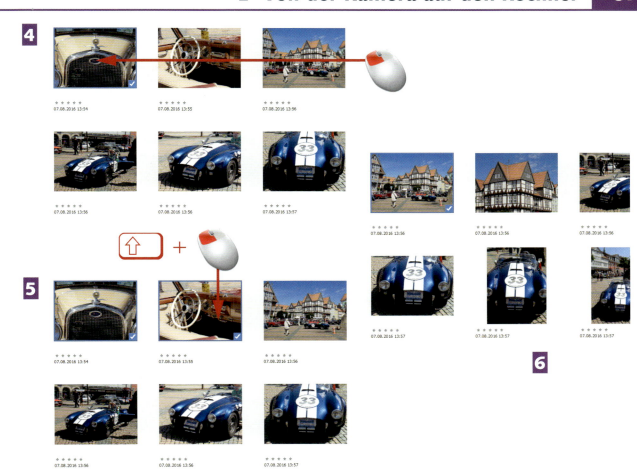

4 Wollen Sie mehrere Fotos auf einmal löschen, klicken Sie die betreffenden Bilder der Reihe nach ...

5 ... mit gedrückter ⇧-Taste an. Die markierten Fotos werden zur Verdeutlichung mit einer blauen Umrandung und einem blauen Haken unten rechts versehen.

6 Löschen Sie die markierten Dateien. Die Miniaturbilder fehlen dann in der Liste und das nachfolgende Foto wird markiert.

Sie können auch Bilder markieren, die nicht aufeinanderfolgen, wenn Sie beim Anklicken die Strg-Taste gedrückt halten.

Tipp

Wollen Sie sich den „Umweg" über das Kontextmenü sparen, verwenden Sie zum Löschen einfach die Entf-Taste.

Tipp

40 Fotos von der Festplatte aufnehmen

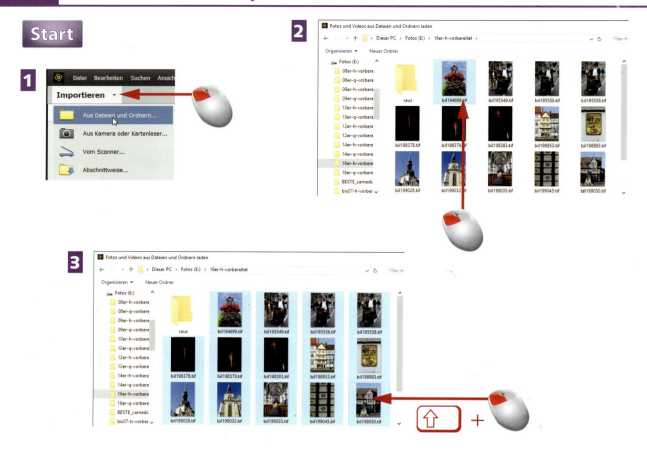

1 Um die auf der Festplatte gespeicherten Bilder zu laden, klicken Sie die Funktion *Aus Dateien und Ordnern* an, die Sie alternativ auch über dieses Menü erreichen.

2 Um mehrere Dateien zu markieren, klicken Sie zunächst die erste ...

3 ... und dann mit gedrückter ⇧-Taste die letzte benötigte Datei an. Damit markieren Sie alle Dateien zwischen den beiden Mausklicks.

Wenn Sie bereits vor der Installation von Photoshop Elements digitale Fotos gespeichert haben, können Sie diese nachträglich in den Katalog aufnehmen.

Wissen

2 Von der Kamera auf den Rechner

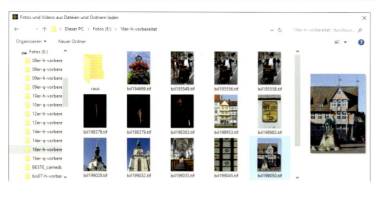

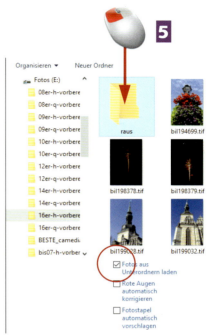

4 Rechts im Dialogfeld sehen Sie eine Vorschau des markierten Bildes.

5 Markieren Sie einen Ordner, ist die Option *Fotos aus Unterordnern laden* verfügbar. Aktivieren Sie diese, um alle Fotos zu laden, die sich im markierten Ordner befinden.

6 Mit der Schaltfläche *Medien laden* starten Sie den Importvorgang.

Ende

Die *Durchsuchen*-Funktion im Menü *Fotos und Videos laden* lässt sich auch nutzen, um alle Festplatten des Rechners nach Bildern zu durchsuchen, die Sie dann in den Katalog aufnehmen können.

Digitale Fotos bestehen aus vielen kleinen Bildpunkten, die **Pixel** genannt werden. Je mehr Pixel ein Foto enthält, umso detailreicher ist das Bild.

Falls Sie alte Fotos ungeordnet gespeichert haben, legen Sie vor dem Import mit dem Windows-Explorer neue Verzeichnisse an und sortieren dort die Dateien.

Tipp **Fachwort** **Hinweis**

42 Erweiterte Importmöglichkeiten

Start

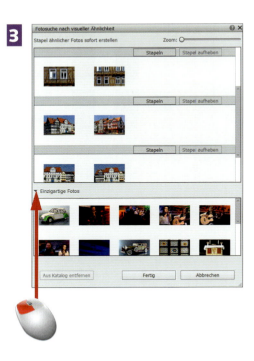

1 Aktivieren Sie beim Fotoimport die Option *Fotostapel automatisch vorschlagen*, um ähnliche Fotos zu einem Stapel zusammenzufassen.

2 In diesem Dialogfeld werden die vorgeschlagenen Stapel angezeigt. Wollen Sie einen der Stapel übernehmen, klicken Sie auf die Option *Stapeln*.

3 Haben Sie die Option *Einzigartige Fotos* aufgeklappt, werden im unteren Bereich die Fotos angezeigt, die nicht gestapelt werden sollen.

Photoshop Elements bietet beim Import verschiedene nützliche Optionen an. So lassen sich Bilder beispielsweise automatisch nach ihrer Ähnlichkeit zu Stapeln zusammenfassen. Auch die Verwaltung von Bildern, die sich auf CDs/DVDs befinden, ist möglich.

Wissen

2 Von der Kamera auf den Rechner   43

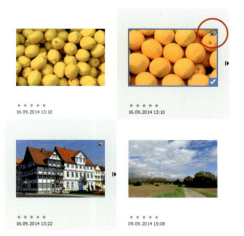

4 An diesem Symbol in der oberen rechten Ecke des Miniaturbildes erkennen Sie Stapel.

5 Öffnen oder schließen Sie Stapel mit dem Doppelpfeil rechts neben dem Miniaturbild.

6 Falls Sie Bilder in den Katalog aufnehmen wollen, die sich auf einer CD/DVD befinden, aktivieren Sie im Import-Dialogfeld die Option *Vorschaubilder erstellen,* nachdem die Option *Dateien beim Import kopieren* deaktiviert wurde.

Ende

Stapel lassen sich gut verwenden, damit nicht zu viele Miniaturbilder im Katalog angezeigt werden.

In einem **Stapel** werden mehrere Fotos zusammengefasst. Wenn der Stapel geschlossen ist, sehen Sie im Katalog nur ein Miniaturbild.

Tipp

Fachwort

44 Der Import ist abgeschlossen

1 Standardmäßig sehen Sie nur die zuletzt importierten Fotos. Wollen Sie auch die zuvor importierten Bilder sehen, klicken Sie auf die Schaltfläche *Zurück*.

2 In der Zeitleiste sehen Sie alle Monate. Die Anzahl der Fotos wird durch die Höhe der Balken gekennzeichnet. Sehen Sie die Zeitleiste nicht, blenden Sie sie mit der Funktion *Fenster/Zeitleiste* ein.

Bei wenigen digitalen Fotos ist der Nutzen einer gut durchdachten Organisation vielleicht noch nicht erkennbar – aber je größer der digitale Bilderstapel wird, umso mehr schätzt man eine gute Ordnung. Außer, Sie sind der Meinung, ein „Genie beherrscht das Chaos".

Wissen

2 Von der Kamera auf den Rechner   45

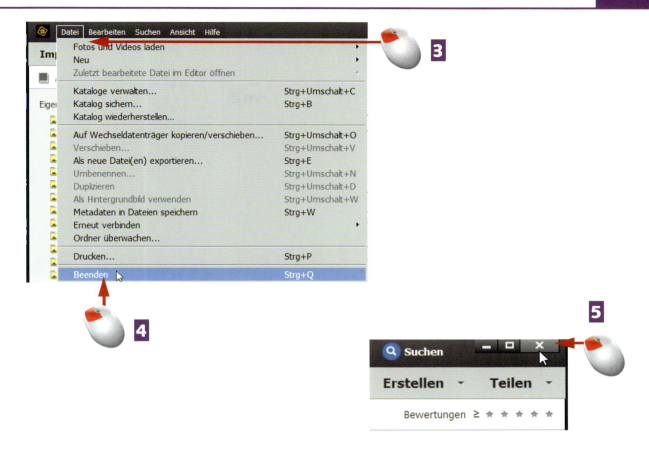

3 Um Photoshop Elements 15 zu schließen, öffnen Sie das *Datei*-Menü …

4 … und rufen dort die Funktion *Beenden* auf.

5 Oder klicken Sie einfach auf das Kreuzsymbol oben rechts im Arbeitsfenster.

Solange nicht alle Fotos angezeigt werden, erkennen Sie in der Zeitleiste an den dunklen Hervorhebungen, zu welchem Monat die Suchergebnisse gehören.

Sie können das Programm auch mit der bei Windows-Programmen üblichen Tastenkombination Alt + F4 beenden.

Tipp   **Hinweis**

Fotos anzeigen und ordnen

3

48 Photoshop Elements 15 starten

1 Wenn Sie Photoshop Elements gerade erst installiert haben, finden Sie es im Windows-Startmenü. Rufen Sie dort das Programmsymbol auf.

2 Scrollen Sie durch die Liste der Apps ...

3 ... und klicken Sie in der Auflistung auf den Eintrag *Adobe Photoshop Elements 15*.

Wenn Sie einen schnellen Zugriff auf Photoshop Elements haben wollen, legen Sie ein Verknüpfungssymbol auf dem Desktop ab und starten das Programm dort mit einem Doppelklick. Haben Sie eine Standardinstallation vorgenommen, wurde das Symbol automatisch auf dem Desktop abgelegt.

Wissen

3 Fotos anzeigen und ordnen   49

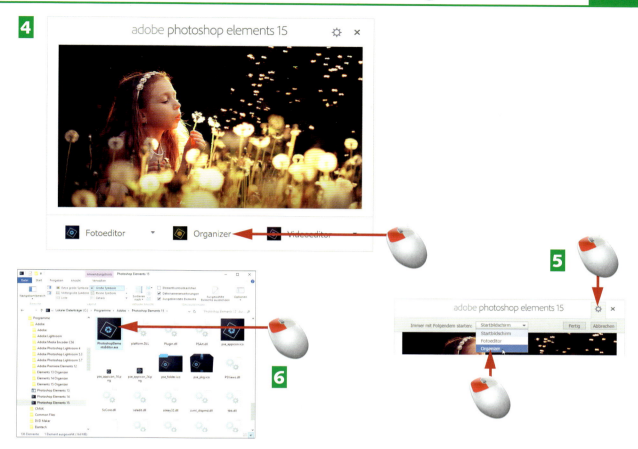

4 Nach dem Aufruf sehen Sie zunächst eine Übersicht. Hier wählen Sie aus, mit welchem Elements-Modul Sie beginnen wollen. Rufen Sie die Funktion *Organizer* auf.

5 Über das Zahnrad-Symbol erreichen Sie ein Listenfeld, in dem Sie festlegen, welches Modul beim Programmstart alternativ zum Startbildschirm aufgerufen werden soll.

6 Sie können den Fotoeditor auch direkt aufrufen, wenn Sie im Ordnerfenster dieses Programmsymbol doppelt anklicken.

Ende

Falls Sie bereits einen Katalog mit Photoshop Elements 14 erstellt haben, wird dieser nach dem Start des Programms dupliziert und konvertiert.

Hinweis

Die Aufteilung in die Programmmodule ist recht praktisch. Der Arbeitsbereich ist übersichtlicher, wenn nur die Funktionen angeboten werden, die für eine Aufgabe nötig sind.

Hinweis

50 Eine Datensicherung durchführen

Start

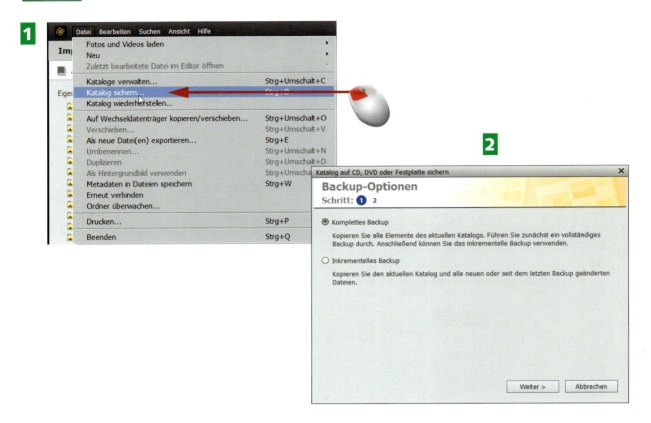

1 Wenn Sie viele Fotos importiert haben, wird Ihnen nach dem Programmstart eine Sicherung der Daten angeboten. Sie können dazu aber auch die Funktion *Datei/Katalog sichern* aufrufen.

2 Entscheiden Sie, ob Sie alle Fotos oder auch die dazugehörende Katalogdatei samt der neuen Dateien (seit dem letzten Backup) sichern wollen.

Die regelmäßige Datensicherung ist ein wichtiges Thema, das allzu oft vernachlässigt wird. Meist erinnert man sich erst an eine Sicherung der Daten, wenn ein Crash aufgetreten ist. Dann nutzt es natürlich nichts mehr. Daher sollten Sie sich in regelmäßigen Abständen ein wenig Zeit für die Sicherung Ihrer wertvollen Daten nehmen.

Wissen

3 Fotos anzeigen und ordnen   51

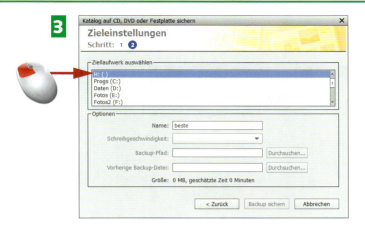

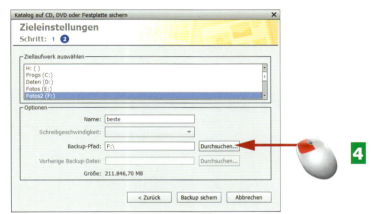

3 Sollen die Daten auf einer CD/DVD gesichert werden, markieren Sie in der oberen Liste das Laufwerk, in dem sich die CD/DVD befindet.

4 Auch das Speichern auf einer Festplatte ist möglich. Verwenden Sie nach der Auswahl der Festplatte die *Durchsuchen*-Funktion, …

5 … um den Ordner auszuwählen, in dem die Daten untergebracht werden sollen, oder erstellen Sie einen neuen Ordner.

Ende

Da DVDs heute nicht mehr die Welt kosten, ist es empfehlenswert, regelmäßig eine DVD mit den aktuellen Fotos zu brennen.	Als **Backup** wird eine Sicherheitskopie von Daten bezeichnet.	Je nach Menge der Daten, die Sie sichern, kann es schon eine Weile dauern, bis alle Fotos kopiert sind. Hier ist Geduld gefragt.
Tipp	**Fachwort**	**Hinweis**

52 Voreinstellungen anpassen

Start

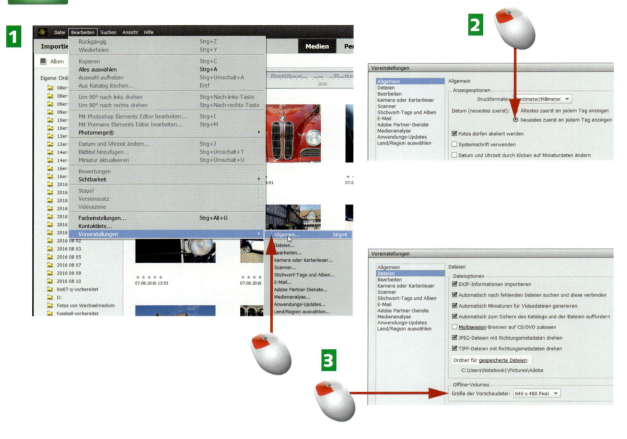

1 Rufen Sie die Funktion *Bearbeiten/Voreinstellungen/Allgemein* auf.

2 Aktivieren Sie in der *Allgemein*-Rubrik die Option *Neuestes zuerst an jedem Tag anzeigen*, wenn Sie die Datumssortierung *(Neueste)* im Organizer eingestellt haben.

3 In der *Dateien*-Rubrik können Sie unter anderem die Größe der Vorschaudateien festlegen.

Bei Photoshop Elements 15 lässt sich das Aussehen des Albums nicht mehr verändern, wie dies bei früheren Versionen der Fall war. Die Helligkeit des Arbeitsbereichs lässt sich zum Beispiel nicht mehr variieren – dies war bei früheren Versionen möglich.

Wissen

3 Fotos anzeigen und ordnen 53

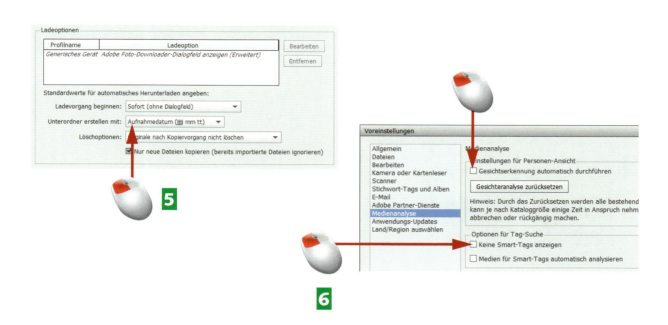

4 In der Rubrik *Kamera oder Kartenleser* wird unter anderem der Ordner eingestellt, in dem die importierten Fotos gespeichert werden.

5 Die *Ladeoptionen* lassen sich ebenfalls anpassen. So können Sie festlegen, ob für jedes Datum ein neuer Ordner angelegt werden soll.

6 In der *Medienanalyse*-Rubrik sollten Sie die beiden Optionen deaktivieren, da das automatische Analysieren nicht besonders zuverlässig funktioniert.

Ende

Es ist Geschmackssache, welche Optionen ein- oder ausgeschaltet werden sollen. Probieren Sie einfach einmal aus, welche Variante Ihnen besser gefällt.	Bei den automatischen Analysen gibt es noch viele „Fehltreffer" – daher sollten Sie auf diese Funktionen verzichten.	Alle Voreinstellungen sind nach unterschiedlichen Themen sortiert in verschiedenen Rubriken untergebracht, die Sie im Bereich links auswählen.
Tipp	**Tipp**	**Hinweis**

54 Sortierkriterien festlegen

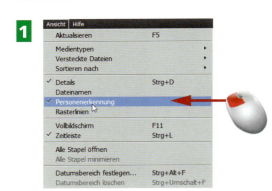

1 Im *Ansicht*-Menü finden Sie unterschiedliche Ansichtsoptionen. So wird hier zum Beispiel die automatische Personenerkennung ein- oder ausgeblendet.

2 Klicken Sie in der Zeitleiste den gewünschten Monat an, wenn Sie die *Miniaturansicht*-Sortierung eingestellt haben. Klicken Sie dann einen anderen Monat an, werden sofort die dazugehörenden Fotos angezeigt.

3 Im Menü *Suchen/Bearbeitungsverlauf* gibt es verschiedene Sortierkriterien.

Haben Sie nur einige wenige Fotos im Katalog, ist das Auffinden eines bestimmten Fotos leicht. Je umfangreicher der Katalog wird, umso hilfreicher sind die Möglichkeiten, die Fotos nach bestimmten Suchkriterien zu ordnen.

Wissen

3 Fotos anzeigen und ordnen 55

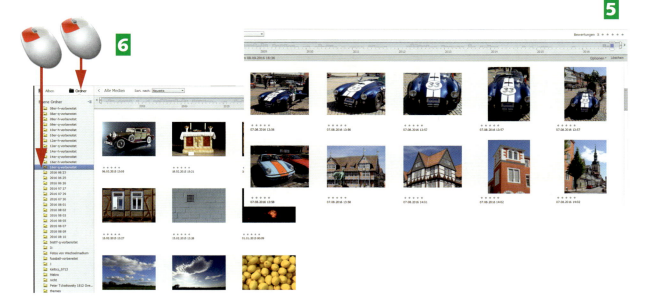

4 Wählen Sie im Dialogfeld die gewünschte Importgruppe aus, ...

5 ... um nur die Bilder eines bestimmten Imports anzuzeigen.

6 Wird im linken Bereich das *Ordner*-Register aufgeklappt, sehen Sie in einer Liste, wo sich die Fotos auf der Festplatte befinden. Klicken Sie einen der Ordner an, werden die Bilder angezeigt, die sich in diesem Ordner befinden. Über das markierte *Ordner*-Symbol stellen Sie die Baumstruktur ein.

Werfen Sie einmal einen Blick in die untere Zeile des Arbeitsfensters. Dort wird angezeigt, wie viele Bildmöglichkeiten zum aktuellen Suchkriterium vorhanden sind.

Als **Pfad** bezeichnet man die Position des Ordners innerhalb der Ordnerhierarchie.

Tipp

Fachwort

56 Detailinformationen anzeigen

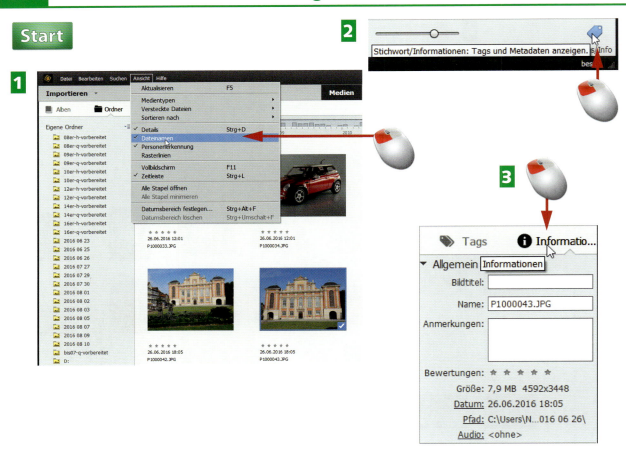

1 Wenn Sie den Dateinamen unter den Fotos einblenden wollen, aktivieren Sie im *Ansicht*-Menü die *Dateinamen*-Option, sodass das Häkchen erscheint.

2 Klicken Sie auf dieses Symbol in der Fußzeile, ...

3 ... um rechts ein Fenster mit den Bildeigenschaften einzublenden. Rufen Sie dazu das *Informationen*-Register auf.

Bei digitalen Fotos werden verschiedene Informationen gespeichert, ohne dass Sie es „bemerken". So zeichnet die Kamera in den Exif-Daten beispielsweise Informationen über die verwendete Verschlusszeit oder Blende auf.

Wissen

3 Fotos anzeigen und ordnen   57

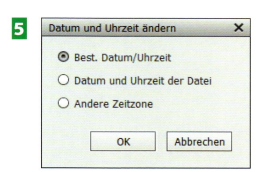

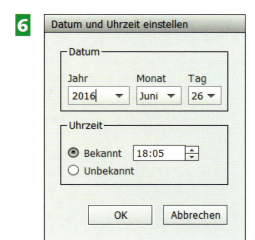

4 Klicken Sie auf diese Schaltfläche, wenn Sie das Datum des Fotos verändern wollen.

5 Legen Sie in diesem Dialogfeld fest, was Sie ändern möchten.

6 Wählen Sie hier die neuen Datums- und Uhrzeitangaben aus.

Ende

Exif-Daten enthalten alle Informationen der Aufnahme. So ist es leicht, später festzustellen, ob bei der Aufnahme geblitzt oder welche Brennweite verwendet wurde.

Es kann vorkommen, dass Ihre Kamera – zum Beispiel bei Strommangel – einen Reset durchführt, bei dem Datum und Uhrzeit auf die Standardwerte zurückgesetzt werden.

Fachwort   **Hinweis**

58 Die Exif-Daten begutachten

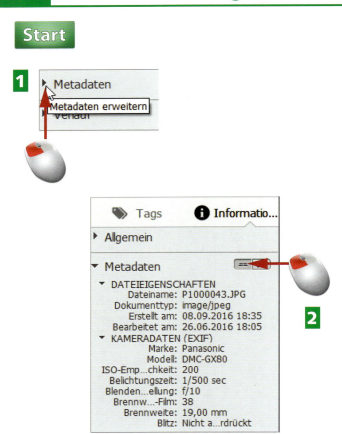
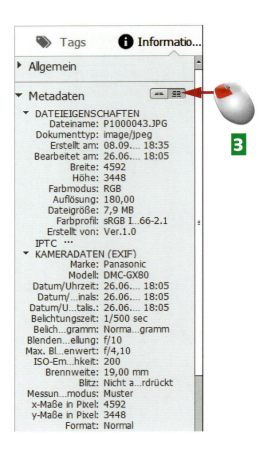

1 Um die Exif-Daten des Fotos auszulesen, klicken Sie auf den Pfeil vor dem Eintrag *Metadaten* in der Kopfzeile des Fensters.

2 Mit der Option *Zusammenfassung* werden nur die wichtigsten Exif-Informationen angezeigt.

3 Aktivieren Sie die Option *Vollständig*.

Aus den Metadaten der Kamera lassen sich interessante Informationen ableiten. Wundern Sie sich zum Beispiel, warum ein Motiv verwackelt ist, könnte ein Blick in die Metadaten hilfreich sein. Vielleicht wurde ja wegen schlechter Lichtverhältnisse eine zu lange Belichtungszeit verwendet.

Wissen

3 Fotos anzeigen und ordnen 59

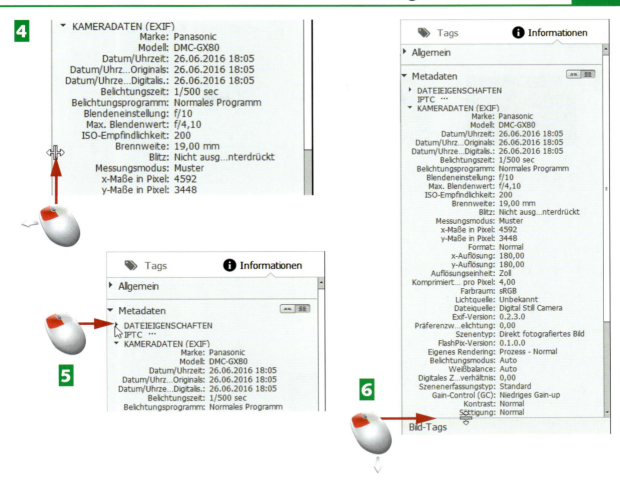

4 Um alle Informationen sehen zu können, lässt sich die Breite des Bereichs anpassen. Ziehen Sie dazu an dem linken Steg.

5 Klappen Sie mit einem Klick auf das Dreieck die einzelnen Kategorien auf oder zu.

6 Die vollständige Liste der Metadaten ist lang. Scrollen Sie mit dem Scrollbalken zur gewünschten Position. Die Höhe des Bereichs lässt sich mit dem unteren Steg variieren.

Ende

Die vollständige Ansicht ist nur zu empfehlen, wenn Sie bestimmte Detailinformationen suchen – wie etwa die verwendeten Korrektur- oder Optimierungseinstellungen.

Die Exif-Daten kann man nur lesen – aber nicht verändern. Das ist auch sinnvoll, ansonsten gäbe es ja keinen Beleg für die „Echtheit" eines Fotos.

Tipp

Hinweis

60 Verknüpfungen reparieren

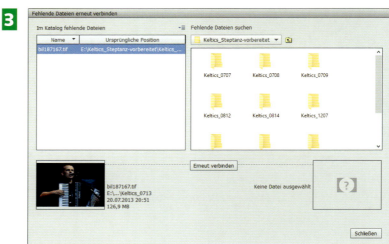

1 Wenn Sie in der linken oberen Ecke eines Miniaturbildes ein Fragezeichen-Symbol sehen, bedeutet dies, dass die Verknüpfung zum Foto verloren gegangen ist.

2 Wenn Sie das Bild in der vergrößerten Ansicht betrachten wollen, versucht Elements, das Foto auf dem Rechner zu finden. Sie können die *Durchsuchen*-Option nutzen, …

3 … um in diesem Dialogfeld das neue Verzeichnis festzulegen, in dem sich das Foto nun befindet.

Da der Organizer nur Verknüpfungen zu den Originalbildern aufzeichnet, kann es passieren, dass diese Verknüpfungen verloren gehen – beispielsweise, wenn Sie Dateiverwaltungsaufgaben nicht im Organizer, sondern mit einem externen Programm vorgenommen haben. Wurde eine Datei zum Beispiel mit dem Windows-Explorer verschoben, kann sie Elements anschließend nicht mehr automatisch finden.

Wissen

3 Fotos anzeigen und ordnen 61

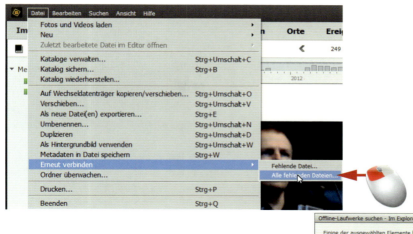

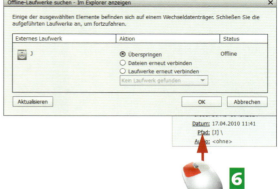

4 Mit der Funktion *Datei/Erneut verbinden/Alle fehlenden Dateien* können Sie jederzeit die nicht verknüpften Medien aufsuchen und sie neu verknüpfen.

5 Dieses Symbol zeigt an, dass ein Foto auf einem externen Medium nicht verfügbar ist. Das passiert, wenn Bilder von externen Festplatten oder CDs/DVDs übertragen wurden.

6 Klicken Sie im *Allgemein*-Bereich des *Informationen*-Registers auf diesen Link, um das betreffende Laufwerk neu zu verbinden.

Ende

Elements erstellt im Katalog nur **Verknüpfungen.** Dabei wird lediglich vermerkt, wo die Fotos auf der Festplatte zu finden sind – im Katalog werden nur Vorschaubilder aufgenommen.

Führen Sie alle Dateiverwaltungsaufgaben wie das Löschen, Umbenennen oder Verschieben von Medien immer mit den Elements-Funktionen aus dem *Datei*-Menü durch.

Es ist empfehlenswert, die Bilder nach dem Übertragen in das Album von der Speicherkarte der Kamera zu löschen. Andernfalls könnten bei der nächsten Übertragung eventuell Dubletten entstehen.

Fachwort   **Hinweis**   **Tipp**

62 GPS-Daten verwenden

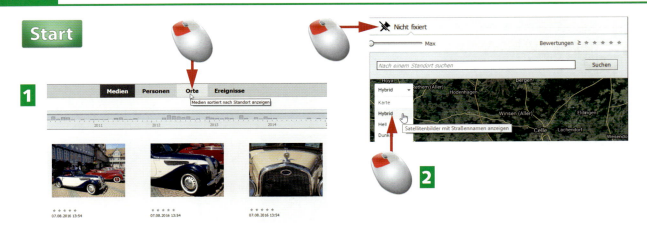

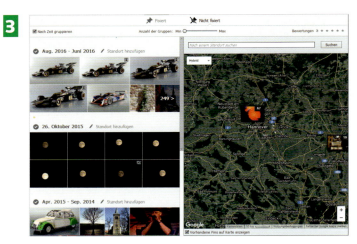

1 Klicken Sie über dem Arbeitsbereich auf die *Orte*-Bezeichnung, um die GPS-Daten in den Fotos nutzen zu können.

2 Mit der *Hybrid*-Einstellung kombinieren Sie die Straßenkartenansicht mit der Google-Earth-Darstellung. Nutzen Sie die *Nicht fixiert*-Registerkarte, …

3 … um die Ansicht aufzuteilen. Im rechten Teil wird dann die Google-Maps-Karte eingeblendet.

Die Möglichkeit, GPS-Daten auszuwerten, ist sehr interessant. Anhand der Google-Maps-Karten können Sie schnell feststellen, wo ein Bild aufgenommen wurde, wenn Sie das Bild mit einer Kamera aufgenommen haben, die die GPS-Daten aufzeichnen kann.

Wissen

3 Fotos anzeigen und ordnen 63

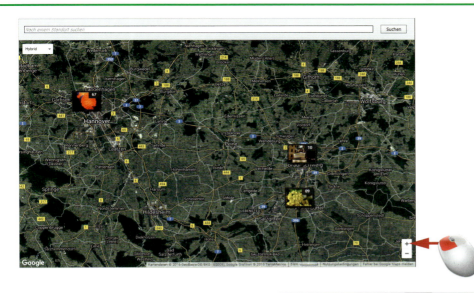

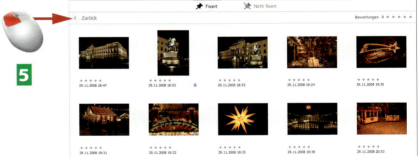

4 Je näher Sie heranzoomen, umso detaillierter werden die Schildchen mit der Anzahl der Vorkommnisse angezeigt.

5 Klicken Sie doppelt auf eines der Schildchen, werden die dazugehörenden Fotos eingeblendet. Um zur Kartenansicht zurückzukehren, klicken Sie auf die *Zurück*-Schaltfläche.

Ende

Bei Google Maps können Sie einstellen, ob eine Straßenkarte angezeigt werden soll oder diese wahlweise mit einer Satellitenaufnahme kombiniert wird. Diese Darstellungsart heißt **Hybrid**.

Wenn Sie einen Ort in der Karte suchen wollen, tippen Sie ihn einfach im Eingabefeld über der Karte ein.

Die Darstellungsgröße der Google-Maps-Karten ändern Sie mit den Navigationselementen im rechten unteren Bereich der Karte.

Fachwort   **Hinweis**   **Tipp**

64 Neue Orte hinzufügen

Start

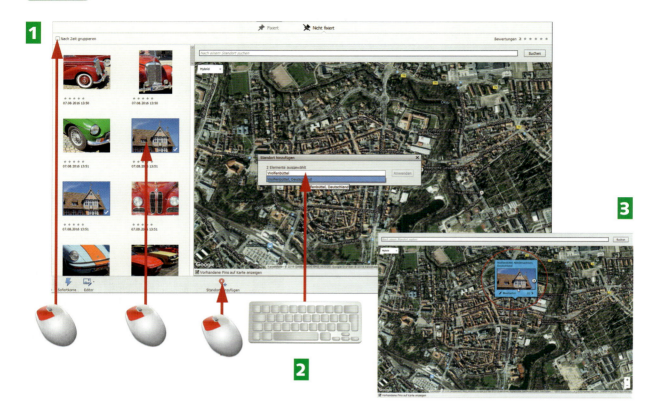

1 Wollen Sie Bildern einen Ort zuweisen, haben Sie zwei verschiedene Möglichkeiten. Deaktivieren Sie die Option *Nach Zeit gruppieren*, da dann das Auffinden von Bildern leichter ist. Markieren Sie die betreffenden Bilder.

2 Klicken Sie im Fußbereich auf die Schaltfläche *Standort hinzufügen* und geben Sie im Dialogfeld den Ort oder das Bauwerk ein.

3 Nach dem Bestätigen sehen Sie die Bilder in der Karte.

Es ist noch nicht allzu lange möglich, mit Digitalkameras auch die GPS-Daten aufzeichnen zu können. Wenn Sie ältere Fotos besitzen, von denen Sie genau wissen, wo sie aufgenommen wurden, können Sie diese in die Karte aufnehmen.

Wissen

3 Fotos anzeigen und ordnen 65

4 Die zweite Variante ist die einfachere und schnellere. Suchen Sie in der Karte den zuzuweisenden Ort heraus. Markieren Sie die betreffenden Fotos und ziehen Sie sie per Drag-and-drop in die Karte.

5 Nach dem Loslassen der linken Maustaste werden die Ortsinformationen den Bildern zugewiesen. Sie erkennen dies am Miniaturbild, das nun in der Karte angezeigt wird.

Ende

Elements nimmt die Orte nicht in die GPS-Daten des Bildes auf. Es ist lediglich eine programminterne Markierung.

Um den gewünschten Ort schnell in der Karte zu finden, tippen Sie ihn einfach im Eingabefeld über der Karte ein.

Hinweis   **Tipp**

Personen herausfiltern

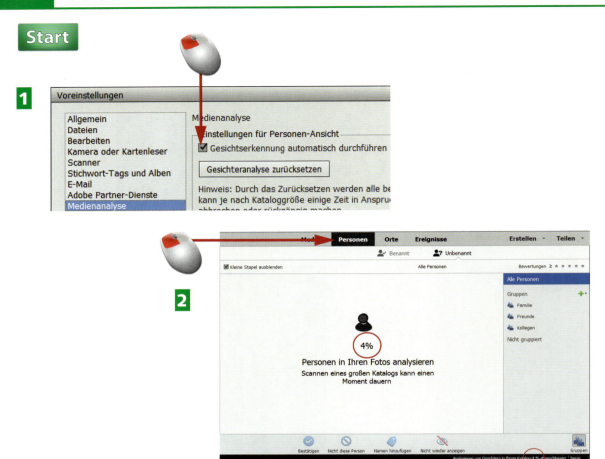

1 Wenn Sie in den Voreinstellungen im *Medienanalyse*-Bereich die Option *Gesichtserkennung automatisch durchführen* aktiviert haben, werden die Bilder beim Importieren automatisch auf Gesichter untersucht.

2 Andernfalls wird das Durchsuchen des Bildbestandes durchgeführt, wenn Sie in den *Personen*-Bereich wechseln. Je nach Kataloggröße kann das Durchsuchen sehr lange dauern – bis zu mehreren Stunden. Der Fortschritt wird in der Mitte und am rechten unteren Rand des Arbeitsbereichs angezeigt.

Wenn Sie viel und oft Menschen fotografieren, ist es nützlich, dass Elements Optionen anbietet, um die Personen automatisch im Album zu suchen und sie zu markieren. Um Fehler zu vermeiden, können Sie bei der Auffindung auch manuell eingreifen.

Wissen

3 Fotos anzeigen und ordnen   67

3 Standardmäßig gruppiert Elements die erkannten Personen. Um alle erkannten Gesichter anzuzeigen, deaktivieren Sie die Option *Kleine Stapel ausblenden*.

4 Klicken Sie auf die Bezeichnung *Name...* und tippen Sie den Namen der betreffenden Person ein.

5 Tippen Sie bei weiteren Fotos den ersten Buchstaben ein, schlägt Elements Namen vor.

Hinweis

Die Gesichtserkennung arbeitet leider noch nicht allzu zuverlässig. So werden auch Objekte als Gesichter erkannt, die gar keine Ähnlichkeit mit Gesichtern haben.

Tipp

Bei der Eingabe finden Sie auch eine Option, um Ihre Facebook-Freunde zu laden und diese in Ihren Fotos zu suchen.

Personen herausfiltern

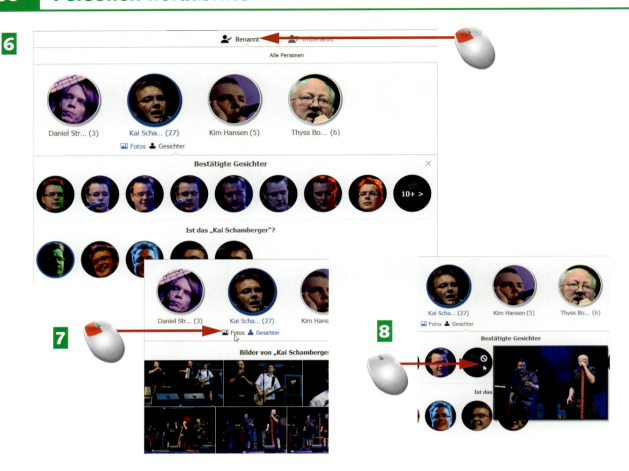

6 Nach Abschluss der Benennung klicken Sie auf die *Benannt*-Bezeichnung. Klicken Sie ein Foto an, um im unteren Bereich alle Vorkommnisse anzuzeigen.

7 Mit der *Fotos*-Option werden die Gesamtbilder anstatt der erkannten Gesichter angezeigt. Alternativ dazu können Sie auch den Mauszeiger ...

8 ... einen Moment lang über ein Gesicht halten – dann wird das Gesamtfoto angezeigt. Soll die Benennung entfernt werden, klicken Sie auf das Bild.

Es ist Ansichtssache, ob Sie die Personen automatisch erkennen lassen wollen oder ob Sie das manuell tun. Bei großen Bildbeständen kann das automatische Auffinden sinnvoll sein, auch wenn es einige Zeit in Anspruch nimmt. Bedenken Sie aber, dass die automatische Erkennung zwar recht gut klappt – aber sie ist bei Weitem nicht fehlerfrei.

Wissen

3 Fotos anzeigen und ordnen 69

9 Wenn Sie wieder in den *Medien*-Bereich wechseln, sehen Sie bei den erkannten Fotos unten rechts ein Personen-Tag-Symbol.

10 Wenn im *Ansicht*-Menü die Option *Personenerkennung* aktiviert wurde, …

11 … werden erkannte Gesichter mit einem Rahmen hervorgehoben. Sie können die Personen dann benennen.

Ende

Menschen in Fotos zu finden, kann eine Weile dauern, wenn Sie viele Fotos vor dem Aufruf der Funktion markiert haben.

Das Erkennen von Gesichtern kann nicht exakt klappen. Schließlich kann Elements nicht „beurteilen", ob eine bestimmte Struktur nur so ähnlich wie ein Gesicht aussieht oder ob es tatsächlich eines ist.

Hinweis   **Hinweis**

Ereignisse markieren

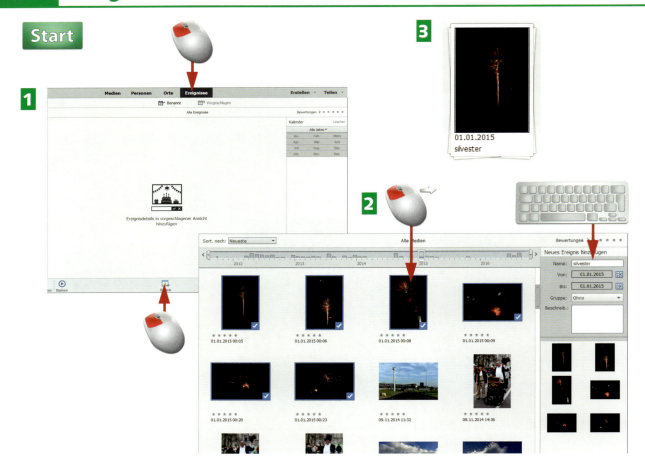

1 Wechseln Sie in den *Ereignisse*-Bereich, um Fotos bestimmten Ereignissen zuzuordnen.

2 Ziehen Sie alle markierten Bilder in den Vorschaubereich rechts und benennen Sie das Ereignis im Eingabefeld oben.

3 Nach dem Bestätigen mit der *Fertig*-Schaltfläche wird das Ereignis aufgenommen.

Mit Photoshop Elements haben Sie auch die Möglichkeit, bestimmte Ereignisse zu markieren. Dies kann beispielsweise sehr sinnvoll sein, wenn Sie schnell alle Fotos einer Geburtstagsfeier oder des letzten Urlaubs auffinden wollen.

Wissen

3 Fotos anzeigen und ordnen

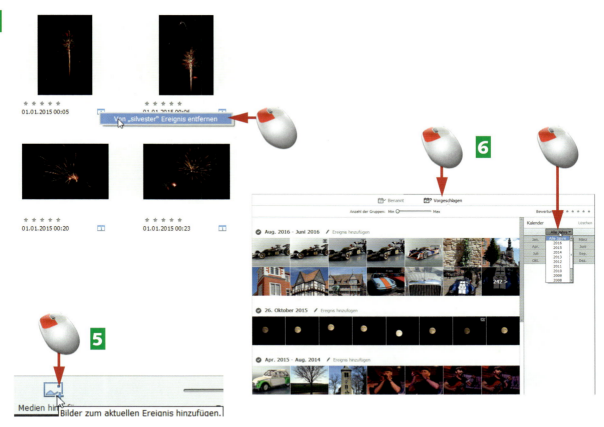

4 Öffnen Sie mit einem Doppelklick das Ereignis, um die darin enthaltenen Bilder anzuzeigen. Möchten Sie ein falsch aufgenommenes Bild entfernen, löschen Sie das Tag.

5 Mit der Schaltfläche *Medien hinzufügen* werden neue Bilder zum Ereignis hinzugefügt.

6 Wenn Sie den Modus *Vorgeschlagen* aktivieren, fasst Elements die Bilder nach dem Aufnahmedatum zusammen – rechts können Sie beispielsweise Jahr oder Monat einstellen.

Ende

Die Datumsansicht der früheren Photoshop-Elements-Versionen ist inzwischen entfallen und wurde durch den *Ereignis*-Bereich ersetzt.

Über die Schaltflächen in der Fußzeile des *Medien*-Arbeitsbereichs können Sie jederzeit neue Personen, Orte oder Ereignisse für die markierten Bilder hinzufügen.

Hinweis   **Tipp**

72 Schlüsselwörter verwenden

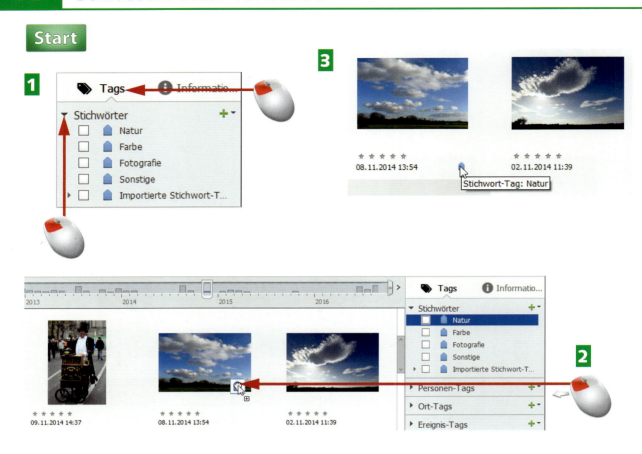

1. Öffnen Sie im rechten Bereich mit einem Mausklick das *Stichwort-Tags*-Bedienfeld. Klicken Sie auf das Pfeilsymbol, um sich die verschiedenen vorgegebenen Tags anzusehen.

2. Um ein Tag zuzuweisen, ziehen Sie das Symbol aus dem Tag-Bedienfeld einfach auf das betreffende Foto.

3. Haben Sie ein Tag zugewiesen, wird das Symbol rechts unter dem Miniaturbild angezeigt.

Für eine differenzierte Suche sind mehr Informationen nötig als nur das Aufnahmedatum eines Bildes. Vielleicht wollen Sie ja Aufnahmen von verschiedenen Aufnahmetagen zu einem Thema zusammenfassen. Dafür brauchen Sie die Tags.

Wissen

3 Fotos anzeigen und ordnen 73

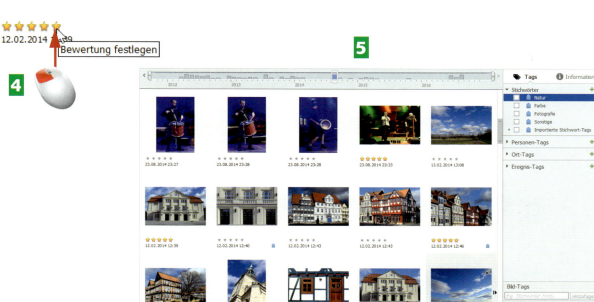

4 Außerdem können Sie Fotos bewerten. Klicken Sie dazu auf die Sterne unter dem Bild. Bessere Fotos könnten Sie mit fünf Sternen versehen – weniger gute mit weniger Sternen.

5 Weisen Sie auf diese Art und Weise allen Fotos in Ihrem Album die gewünschten Tags und Bewertungen zu.

Ende

Hinweis	Fachwort	Hinweis
Um eine zugewiesene Sternebewertung wieder aufzuheben, klicken Sie einfach erneut auf die vergebene Bewertung.	Als **Tags** werden zusätzliche Informationen bezeichnet, die einem Foto zugeordnet sind.	Sie können einem Foto zur differenzierteren Sortierung ohne Weiteres mehrere verschiedene Tags zuweisen.

Neue Kategorien anlegen

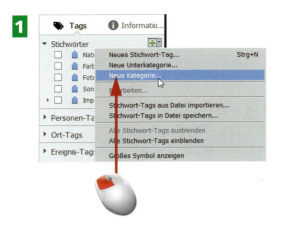

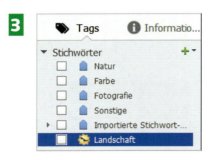

1 Klicken Sie auf die *Neu*-Schaltfläche und rufen Sie aus dem Menü die Option *Neue Kategorie* auf.

2 Tippen Sie den Namen der neuen Kategorie ein und suchen Sie ein Symbol aus der unteren Liste aus.

3 Bestätigen Sie die Eingabe über die *OK*-Schaltfläche. Die neue Kategorie wird am Ende der Liste eingefügt.

Durch die Eingabe neuer Kategorien und Unterkategorien können Sie eine sehr genaue Klassifizierung der Fotos vornehmen und sich so eine spätere Suche erleichtern. Photoshop Elements enthält verschiedene Symbole, um die Tags voneinander unterscheiden zu können.

Wissen

3 Fotos anzeigen und ordnen 75

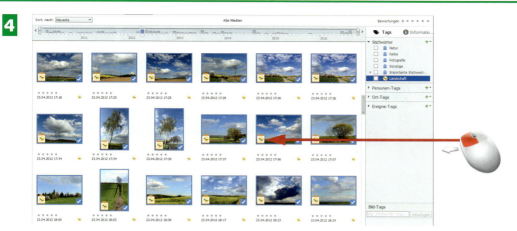

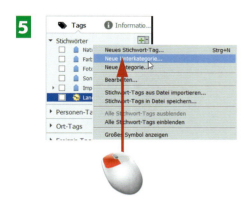

4 Wollen Sie ein Tag mehreren Fotos auf einmal zuweisen, markieren Sie die betreffenden Fotos und ziehen Sie das Tag auf eines der Bilder.

5 Um eine neue Unterkategorie zu erstellen, rufen Sie die Funktion *Neue Unterkategorie* aus dem *Neu*-Menü auf.

6 Tippen Sie den gewünschten Namen ein und bestätigen Sie die Eingabe mit der *OK*-Schaltfläche.

Ende

Hinweis	Tipp	Hinweis
Ob Tags und Alben manuell sortiert werden können, legen Sie in den Voreinstellungen in der Rubrik *Stichwort-Tags und Alben* fest.	Die Reihenfolge der Tags in der Liste können Sie per Drag-and-drop verändern. Ziehen Sie das betreffende Tag einfach mit gedrückter linker Maustaste auf die neue Position.	Das Zuweisen der Tags dauert zwar eine Weile, da Sie diese Arbeit aber nur einmal vornehmen müssen, lohnt sich der Aufwand. Dafür fällt später die Suche umso leichter.

76 Nach Schlüsselwörtern sortieren

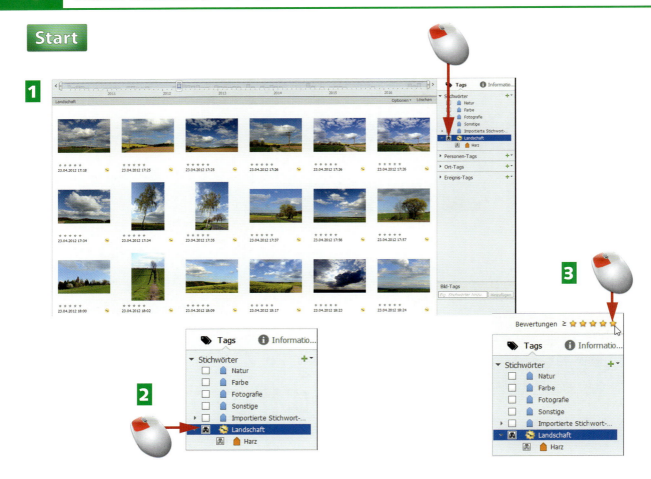

1 Klicken Sie auf das Kästchen vor einem Tag, um alle Vorkommnisse dieses Tags anzuzeigen. Alle anderen Fotos des Katalogs sind dann nicht mehr zu sehen.

2 Besitzt ein Tag Unterkategorien, blenden Sie diese alle auf einmal ein, indem Sie die Hauptkategorie markieren. Es ist auch möglich, mehrere Tags zur Suche zu aktivieren.

3 Um Bilder mit einer bestimmten Bewertung herauszufiltern, klicken Sie auf die entsprechende Sterneanzahl rechts oben im Arbeitsbereich.

Wenn Sie Tausende von Fotos in Ihrem Katalog haben, reduzieren Sie mit dem Aufruf der Suchoptionen die Anzahl der angezeigten Miniaturbilder und erhalten so einen guten Überblick.

Wissen

3 Fotos anzeigen und ordnen 77

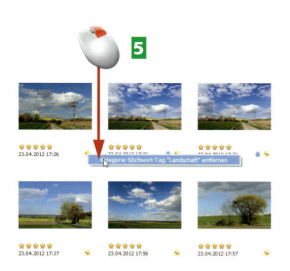

4 Haben Sie mehrere Tags für die Suche eingestellt, wählen Sie im *Optionen*-Menü aus, ob die Voll-, Teil- oder Nulltreffer ein- oder ausgeblendet werden sollen.

5 Um ein Tag wieder zu entfernen, klicken Sie das betreffende Symbol unter dem Miniaturbild mit der rechten Maustaste an oder …

6 … klicken Sie das Miniaturbild mit der rechten Maustaste an, um die Funktion im Kontextmenü zu verwenden.

Ende

Für eine schnelle Zuweisung von Tags nutzen Sie ebenfalls die Funktionen des Kontextmenüs.

In den Miniaturbildern erkennen Sie an verschiedenen Symbolen, ob es sich um Teiltreffer handelt. Ein Haken symbolisiert diese.

Tipp **Hinweis**

Suchabfragen erstellen und verwalten

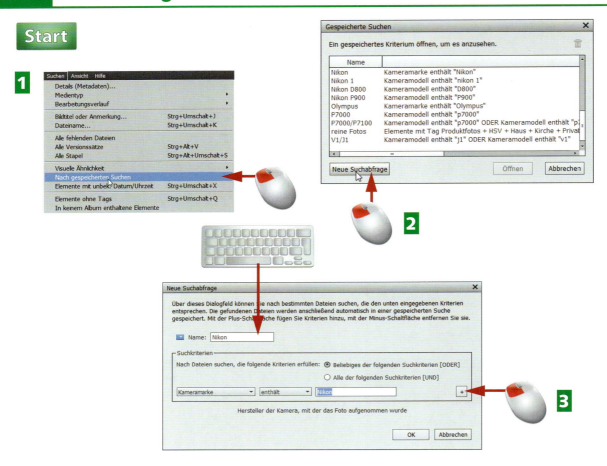

1. Um die erweiterten Suchoptionen nutzen zu können, rufen Sie die Menüfunktion *Suchen/Nach gespeicherten Suchen* auf, ...

2. ... um in diesem Dialogfeld die bestehenden Suchen anzuzeigen. Soll eine neue Suche erstellt werden, klicken Sie auf die Schaltfläche *Neue Suchabfrage*.

3. Legen Sie in diesem Dialogfeld nach dem Benennen der Suchabfrage die Suchkriterien fest. Klicken Sie auf das Plussymbol, um weitere Kriterien hinzuzufügen.

Photoshop Elements bietet Ihnen Optionen an, diverse Bilddaten für die Bildsuche zu nutzen. So können Sie beispielsweise die Exif-Daten der Fotos verwenden, um Bilder mit bestimmten Aufnahmedaten herauszusuchen. Auch Datei- und Ordnernamen sowie Bildkommentare lassen sich für die Suche einsetzen.

Wissen

3 Fotos anzeigen und ordnen 79

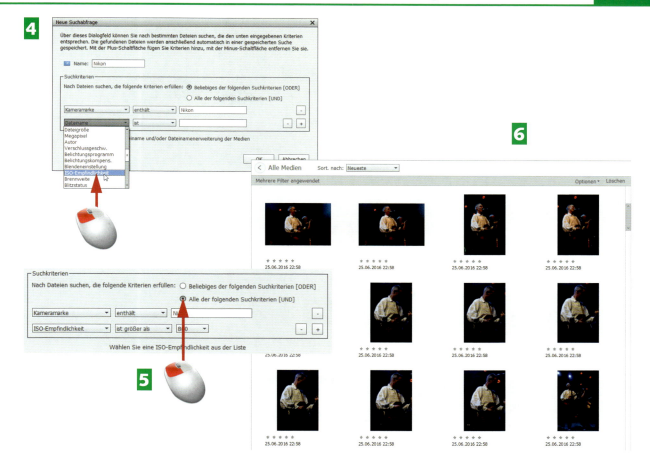

4 Wählen Sie aus den Listenfeldern das gewünschte Suchkriterium aus.

5 Legen Sie fest, ob nur einzelne oder alle Kriterien erfüllt sein müssen, damit ein Bild in das Suchergebnis aufgenommen wird.

6 In diesem Fall wurden beispielsweise alle Bilder herausgefiltert, die einerseits mit einer Nikon und andererseits mit einer Empfindlichkeit von mehr als ISO 800 aufgenommen wurden.

Ende

Da Sie mehrere Kriterien zur Suche festlegen können, lässt sich der Bildbestand sehr nuanciert nach ganz bestimmten Bildern durchsuchen.	Scrollen Sie einmal durch die gesamte Liste, um einen Eindruck zu erhalten, welche Möglichkeiten Sie mit den Suchkriterien haben.	Nach erfolgreicher Suche können Sie zum Beispiel zusätzlich auf Sterne klicken, um die Bewertung mit in die Filterung einzubeziehen.
Hinweis	**Hinweis**	**Tipp**

Weitere Suchfeld-Optionen

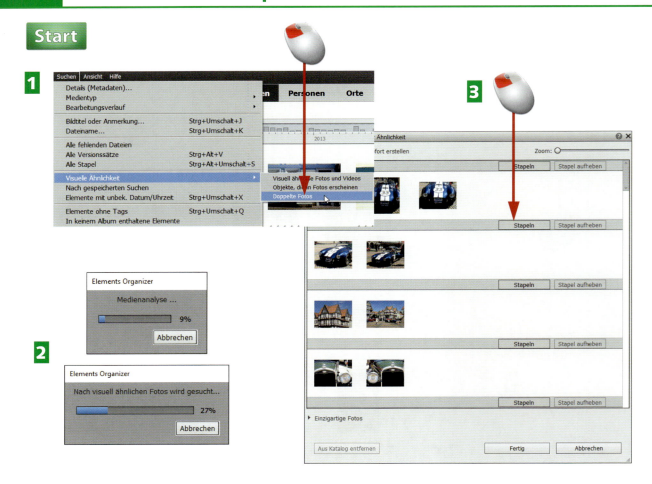

1. Rufen Sie aus dem Menü die Option *Ansicht/Visuelle Ähnlichkeit/Doppelte Fotos* auf.

2. Elements analysiert dann alle Medien und sucht anschließend nach ähnlichen Fotos. Je nach Größe des Katalogs kann das eine ganze Weile dauern.

3. Die Ergebnisse werden in diesem Dialogfeld aufgelistet. Rufen Sie die *Stapeln*-Option über den betreffenden Bildergruppen auf, um die Fotos zu stapeln.

Je größer der Katalog wird, umso schneller kann es unübersichtlich werden. So können Sie beispielsweise Fotos zusammenfassen, die sehr ähnlich aussehen. Auch doppelte Bilder können Sie so auffinden.

Wissen

3 Fotos anzeigen und ordnen 81

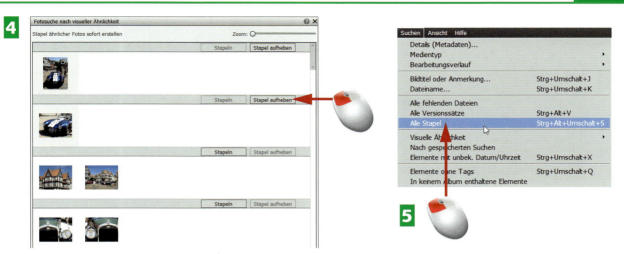

4 Mit der Schaltfläche *Stapel aufheben* können Sie einmal zugewiesene Stapel wieder trennen. Drücken Sie zum Abschluss die *Fertig*-Schaltfläche.

5 Rufen Sie aus dem *Suchen*-Menü die Option *Alle Stapel* auf, damit nur noch die Bilderstapel angezeigt werden.

6 Klappen Sie die Stapel mit dem Doppelpfeil-Symbol auf und zu. Sie können nach dem Aufklappen die doppelten Bilder aus dem Katalog löschen.

Ende

Hinweis	Hinweis	Tipp
Im Katalog können sich keine Dateien mit identischem Namen befinden. Gibt es bereits eine Datei im Katalog, benennt Elements den Neuimport selbstständig um.	Zur Verdeutlichung werden Stapel hellgrau unterlegt. So unterscheiden sie sich gut von den nicht gruppierten Bildern.	Um doppelte Dateien beim Import zu vermeiden, ist es empfehlenswert, die Fotos auf der Speicherkarte nach dem Import gleich zu löschen – in den Voreinstellungen gibt es eine Option dafür.

82 Stapel manuell erstellen

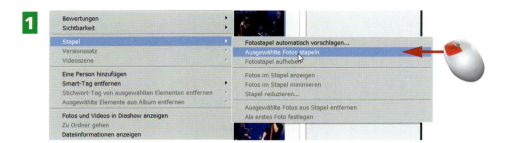

1 Markieren Sie die Bilder, die Sie zu einem Bilderstapel zusammenfassen wollen, und rufen Sie aus dem Kontextmenü die Funktion *Stapel/Ausgewählte Fotos stapeln* auf.

2 Um die Fotos zu betrachten, die sich innerhalb eines Stapels befinden, klicken Sie auf den Pfeil rechts neben dem Stapelminiaturbild.

3 Dann zeigt das Übersichtsfenster die Bilder an, die sich im Bilderstapel befinden. Mit einem Klick auf den Pfeil am Ende des Stapels wird er wieder geschlossen.

Sie können mehrere Bilder auch manuell zu einem Stapel zusammenfassen. Auch die *Stapel*-Funktion dient dazu, etwas mehr „Ordnung" in große Bildermengen zu bringen. Haben Sie nur eine kleine Bildersammlung, lohnt sich diese Funktion eher nicht.

Wissen

3 Fotos anzeigen und ordnen 83

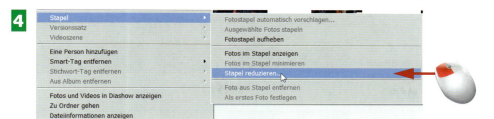

4 Wurden Bilder in einem Stapel zusammengefasst, finden Sie diese Einträge im Kontextmenü. Damit können Sie zum Beispiel alle Bilder auf eins reduzieren.

5 Wurde ein anderes als das erste Bild im Stapel markiert, können Sie die Option *Als erstes Foto festlegen* nutzen, um die Reihenfolge zu ändern.

6 Nach dem Zuklappen des Stapels ist dann das neu festgelegte Bild als Miniaturbild zu sehen.

Ende

Das erste Bild im Stapel ist von Bedeutung, da Sie damit den Inhalt des Stapels leicht erkennen können.

Hinweis

Beim Reduzieren der Bilder werden alle Bilder bis auf das oberste im Stapel gelöscht. Wahlweise können Sie nach dem Aufruf der Funktion die Fotos auch von der Festplatte löschen.

Hinweis

Setzen Sie Stapel ein, um den Inhalt des Katalogs übersichtlicher zu gestalten. So brauchen Sie nicht mehr so lange zu scrollen, um etwa ältere Bilder aufzufinden.

Tipp

84 Visuelle Ähnlichkeit und Objektsuche

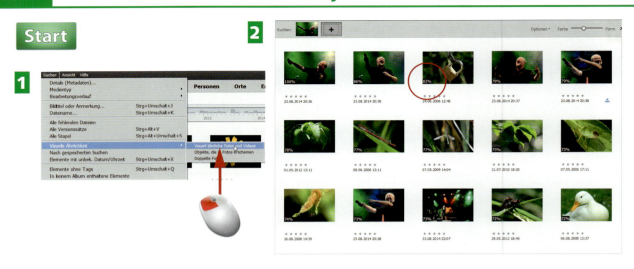

1 Markieren Sie das Bild, in dem Sie ein Objekt zum Suchen bestimmen wollen. Rufen Sie die Funktion *Suchen/Visuelle Ähnlichkeit/Visuell ähnliche Fotos und Videos* auf.

2 In der Übersicht wird der Grad der Ähnlichkeit in Prozent angezeigt.

3 Nach der Fertigstellung wird mit dem Schieberegler festgelegt, ob die Farben oder Formen auf Ähnlichkeit untersucht werden sollen. Mit dem Pluszeichen lassen sich weitere Bilder zum Thema hinzufügen, um die Suche einzugrenzen.

Zwei weitere Optionen bietet das *Suchen*-Menü noch an. Für beide gilt aber, dass sie nicht allzu zuverlässig funktionieren. Die ausgewählten Motive müssen gut geeignet sein, damit die Suche zu akzeptablen Ergebnissen führt.

Wissen

3 Fotos anzeigen und ordnen | 85

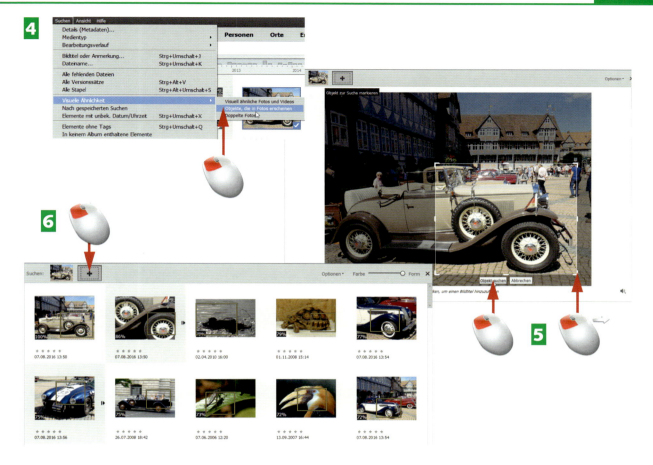

4 Markieren Sie das Bild, in dem Sie ein Objekt zum Suchen bestimmen wollen. Rufen Sie die Funktion *Objekte, die in Fotos erscheinen* auf.

5 Ziehen Sie einen Rahmen auf, der das zu suchende Objekt umschließt. Bestätigen Sie die Auswahl mit der Schaltfläche *Objekt suchen*.

6 Mit dem Pluszeichen lassen sich weitere Bilder zum Thema hinzufügen, um die Suche einzugrenzen.

Ende

Da jedes Foto aus lauter einzelnen Pixeln besteht, liegt es in der Natur der Sache, dass derartige Suchen nicht besonders gut arbeiten können.

Je nach Größe des Katalogs können diese Suchen sehr lange dauern, da der gesamte Bildbestand analysiert wird.

Hinweis **Hinweis**

Alben einsetzen

Start

1 Aktivieren Sie die Funktion *Neues Album* aus dem *Alben*-Bedienfeld, wenn Sie zum Beispiel eine Diashow zusammenstellen wollen.

2 Tippen Sie einen aussagekräftigen Namen für das Album ein.

3 Ziehen Sie die gewünschten Fotos per Drag-and-drop in den *Inhalt*-Bereich. Verwenden Sie zum Abschluss die *OK*-Schaltfläche, um das Album zu speichern.

Auch mit den Alben haben Sie eine gute Möglichkeit, Ihren Bildbestand zu strukturieren. Ein wesentlicher Vorteil der Alben ist, dass Sie die Bilder wahlweise frei sortieren können, was im Katalog nicht möglich ist.

Wissen

3 Fotos anzeigen und ordnen 87

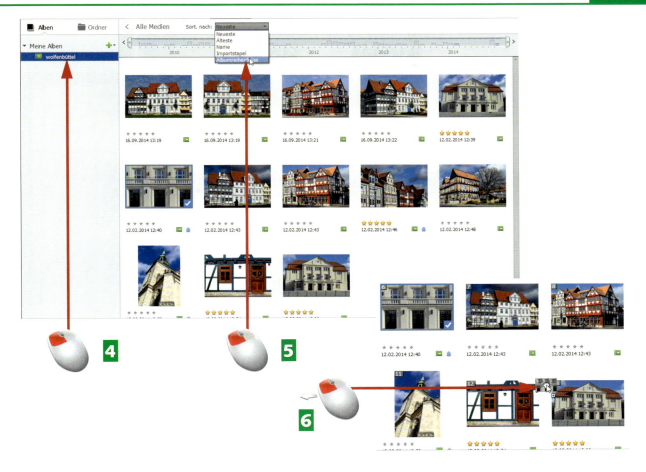

4 Klicken Sie auf die Album-Bezeichnung links neben dem Miniaturbildbereich, wenn Sie ein gespeichertes Album aufrufen wollen.

5 Legen Sie in diesem Menü die Sortierreihenfolge fest. Mit der Option *Albumreihenfolge* können Sie die Reihenfolge der Bilder selbst festlegen.

6 Ziehen Sie die ausgewählten Fotos per Drag-and-drop auf die gewünschte neue Position innerhalb des Albums.

Ende

Sie können Alben beispielsweise zum Anzeigen einer Diashow einsetzen. Auch Fotobücher lassen sich damit leicht zusammenstellen.

Um ein Album zu bearbeiten, klicken Sie die Bezeichnung mit der rechten Maustaste an. Im Menü finden Sie die *Bearbeiten*-Option.

Sie können weitere Bilder zum Album hinzufügen, indem Sie die Albumbezeichnung per Drag-and-drop auf das betreffende Bild ziehen.

Hinweis **Hinweis** **Tipp**

88 Die Vollbildansicht verwenden

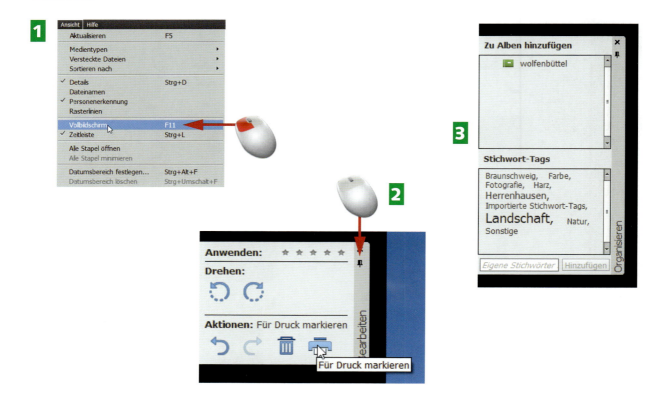

1. Starten Sie mit dieser Funktion die Vollbildansicht.

2. Am linken Rand des Arbeitsbereichs werden zwei Bedienfelder mit den wichtigsten Bearbeitungs- und Organisationsfunktionen eingeblendet, wenn Sie den Mauszeiger über die betreffende Registerkarte halten.

3. Während Sie im oberen Bedienfeld Optionen zur Bildbearbeitung finden, sind im unteren Bedienfeld Alben- und Tag-Optionen untergebracht.

Die Vollbildansicht ist wichtig, wenn Sie Details des Fotos begutachten wollen. Auch für Schnellkorrekturen ist diese Ansicht sinnvoll. In der aktuellen Photoshop-Elements-Version haben Sie einige Bearbeitungsmöglichkeiten in der Vollbildansicht. Dies ist sehr nützlich, weil bei der größeren Ansicht eine bessere Beurteilung der Details möglich ist.

Wissen

3 Fotos anzeigen und ordnen 89

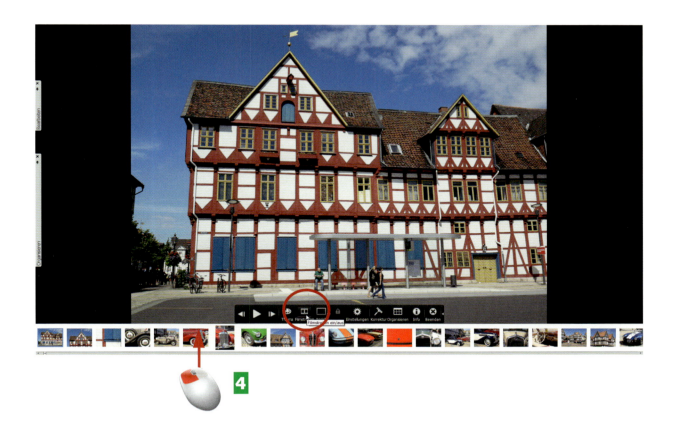

4 Wenn Sie ein Foto manuell auswählen wollen, klicken Sie das betreffende Foto in der Bildleiste unten an. Mit den drei linken Bedienelementen wird zwischen den Fotos navigiert. Mit der Esc-Taste verlassen Sie die Vollbildansicht übrigens wieder.

Ende

Die Vollbildansicht ist in allen Ansichtsmodi verfügbar. Achten Sie darauf, vor dem Aufruf entsprechende Suchkriterien anzugeben.

Ob die Bildleiste unten zu sehen ist, legen Sie in der Navigationsleiste unten fest. Wählen Sie die im Bild oben markierte Option.

Rechts neben den Navigationselementen finden Sie Optionen für die Grundeinstellungen der Vollbildansicht und Übergangseffekte für eine Diashow. Außerdem können Sie die Eigenschaften einblenden.

Hinweis **Tipp** **Hinweis**

Photoshop Elements kennenlernen

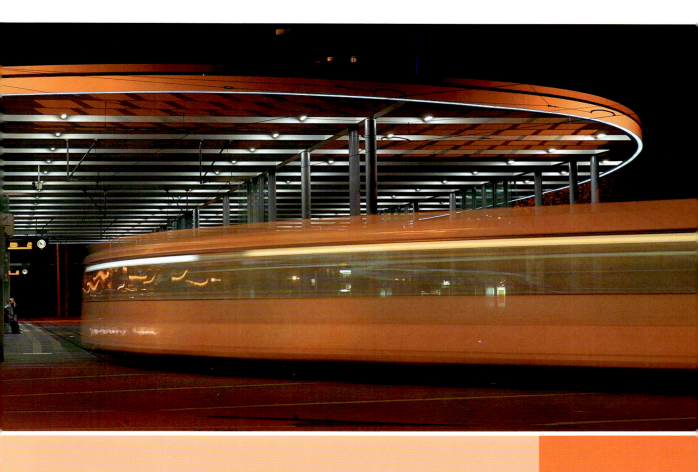

4

Den Editor starten

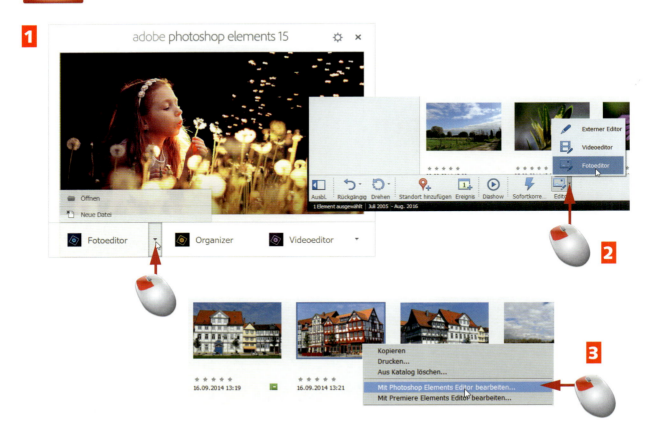

1 Sie können den Editor auf verschiedene Art und Weise starten. Rufen Sie auf dem Startbildschirm die Option *Fotoeditor* auf.

2 Haben Sie das Album bereits gestartet, klicken Sie auf den Pfeil neben der *Editor*-Bezeichnung, um aus dem Menü die Option *Fotoeditor* aufzurufen.

3 Alternativ können Sie im Organizer ein Foto mit der rechten Maustaste anklicken und aus dem Kontextmenü die Funktion *Mit Photoshop Elements Editor bearbeiten* nutzen.

Den Editor zum Bearbeiten und Optimieren von Fotos können Sie in verschiedenen Varianten verwenden. Das ist besonders für Einsteiger sinnvoll, die sich nicht mit unzähligen Funktionen „herumplagen" wollen, die nur selten benötigt werden. Erfahrene Anwender bevorzugen dagegen die zusätzlichen Funktionen, um ihrer Kreativität freien Lauf lassen zu können.

Wissen

4 Photoshop Elements kennenlernen 93

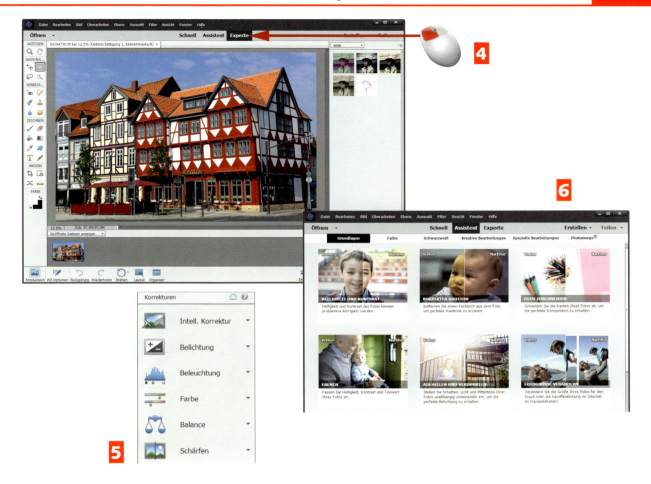

4 Der Editor teilt sich in drei verschiedene Arbeitsbereiche auf, die Sie über Register oben auf der Arbeitsfläche erreichen. Die meisten Optionen finden Sie in der *Experte*-Variante.

5 Der *Schnell*-Korrekturbereich stellt nur wenige Optionen bereit.

6 Für Einsteiger ist die *Assistent*-Variante empfehlenswert, bei der alle nötigen Arbeitsschritte näher erläutert werden.

Ende

Wenn Sie beim Aufruf des Editors aus dem Album ein Bild markiert haben, wird dies gleich im Editor geöffnet.

Als **Fotoeditor** bezeichnet Photoshop Elements den Arbeitsbereich, in dem komplexere Fotobearbeitungsschritte möglich sind.

Tipp

Fachwort

Der Arbeitsbereich Assistent

1. Im *Assistent*-Modus sehen Sie die verschiedenen Optimierungs- und Bearbeitungsfunktionen aufgelistet. Über die Registerkarten oben erreichen Sie verschiedene Themenbereiche.

2. Wird eine der Optionen ausgewählt, finden Sie rechts eine detaillierte Beschreibung der Aufgabe. Mit der Option *Foto freistellen* schneiden Sie beispielsweise überflüssige Bildteile ab. Ziehen Sie dazu die Kanten der Markierungslinie auf die gewünschte Position.

Der Arbeitsbereich *Assistent* ist interessant, wenn Sie das erste Mal Kontakt mit der Bearbeitung von Fotos haben. Alle nötigen Arbeitsschritte werden ausführlich erläutert. Außerdem führen automatische Anpassungen zu schnellen Ergebnissen.

Wissen

4 Photoshop Elements kennenlernen

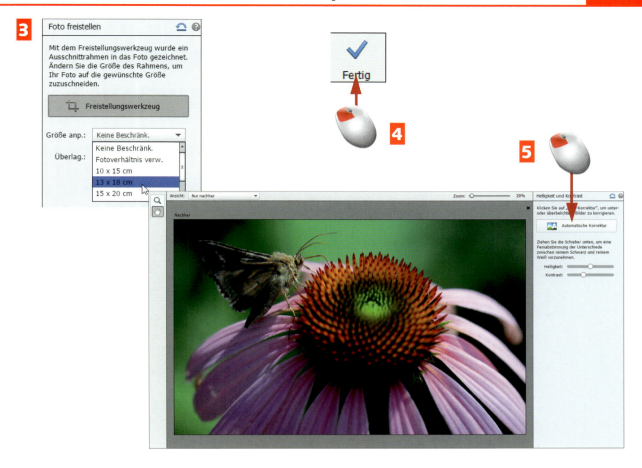

3 Je nach Optimierungsfunktion gibt es verschiedene Zusatzoptionen – beim Freistellen zum Beispiel die Auswahl eines Seitenverhältnisses.

4 Ist die betreffende Optimierung abgeschlossen, verwenden Sie die *Fertig*-Schaltfläche, um die Veränderungen endgültig zuzuweisen.

5 Bei vielen Funktionen finden Sie eine *Auto*-Option, bei der Elements die geeigneten Werte selbstständig ermittelt.

Ende

Tipp

Bevor Sie eigene Einstellungen verwenden, sollten Sie zunächst ausprobieren, ob die angebotenen automatischen Varianten bereits zu optimalen Ergebnissen führen.

Hinweis

Es ist völlig normal, dass digitale Fotos ein wenig nachbearbeitet werden müssen, um ein perfektes Ergebnis zu erhalten.

96 Der Arbeitsbereich Schnell

1. Nach dem Start des *Schnell*-Arbeitsbereichs sehen Sie zunächst die Ansicht *Nur nachher*. Dies wird im Listenfeld links unter dem Arbeitsbereich angezeigt.

2. Öffnen Sie die *Ansicht*-Liste und wählen Sie eine Ansicht aus. Neben dem Ausgangsbild kann hier auch gleichzeitig die veränderte Variante angezeigt werden.

3. Die Option *Vorher und nachher – horizontal* zeigt zum Beispiel die beiden Bilder nebeneinander.

Der Arbeitsbereich *Schnell* ist immer dann empfehlenswert, wenn Sie kleinere Veränderungen möglichst schnell und ohne großen Aufwand erledigen wollen. Alle nötigen Optimierungsfunktionen sind in diesem Arbeitsbereich enthalten.

Wissen

4 Photoshop Elements kennenlernen 97

4 Wollen Sie den Arbeitsbereich skalieren, ziehen Sie an der unteren rechten Ecke des Arbeitsfensters und halten dabei die linke Maustaste gedrückt.

5 So könnte der Arbeitsbereich danach aussehen. Hier lässt sich das Bild nun besser bearbeiten.

Ende

Ein Doppelklick auf die Titelzeile des Programmfensters skaliert das Programmfenster so, dass es den gesamten Bildschirm ausfüllt.

Durch das Skalieren des Arbeitsbereichs wird der Bereich vergrößert, in dem die Fotos angezeigt werden.

Hinweis   **Hinweis**

98 Das Zoom-Werkzeug verwenden

Start

 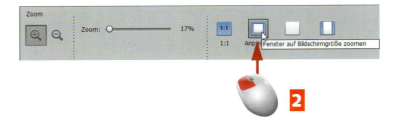

1. Links sehen Sie die Werkzeugleiste. Klicken Sie dort auf das *Zoom-Werkzeug*, um die Bildansicht zu verändern.

2. In der Optionsleiste unter dem Arbeitsbereich finden Sie Optionen zum ausgewählten Werkzeug. Wählen Sie beispielsweise die Option *Anpassen*, ...

3. ... damit das Foto vollständig zu sehen ist.

Die Optionsleiste bietet unterschiedliche Funktionen an. Je nachdem, welches Werkzeug Sie aufgerufen haben, werden dazu passende Optionen bereitgestellt. Das ist sehr praktisch.

Wissen

4 Photoshop Elements kennenlernen 99

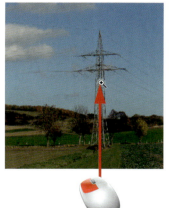

4 Um die Darstellung zu vergrößern, klicken Sie in das Bild. Die angeklickte Stelle ist das Zentrum der vergrößerten Darstellung.

5 Verschieben Sie mit dem *Hand-Werkzeug* aus der Werkzeugleiste den sichtbaren Bildausschnitt bei vergrößerten Darstellungen.

6 In diesem Bild sehen Sie einen ganz anderen Bildausschnitt als zuvor.

Wenn Sie die Alt-Taste gedrückt halten, wird die Ansicht mit jedem Klick stufenweise verkleinert.	Wenn Sie doppelt auf das *Zoom-Werkzeug* klicken, wird eine Darstellungsgröße von 100 % eingestellt.	Halten Sie die linke Maustaste gedrückt und ziehen Sie einen Rahmen um den Bereich auf, den Sie in vergrößerter Darstellung betrachten wollen.
Tipp	**Tipp**	**Hinweis**

100 Schnelle automatische Korrekturen

Start

1 Die Palettenfenster rechts neben dem Arbeitsbereich bieten Funktionen zur automatischen Korrektur an.

2 Klappen Sie mit dem Pfeil die Palettenfenster auf und zu. Es kann immer nur eines der Palettenfenster geöffnet sein.

3 Wollen Sie mehr über die Wirkungsweise einer Funktion erfahren, klicken Sie auf das Fragezeichen-Symbol. Dann öffnet sich die Hilfe zu diesem Thema.

Die Palettenfenster bieten einen schnellen Zugriff auf wichtige Funktionen zur Bildkorrektur. So ersparen Sie sich den Aufruf von Menüfunktionen.

Wissen

4 Photoshop Elements kennenlernen 101

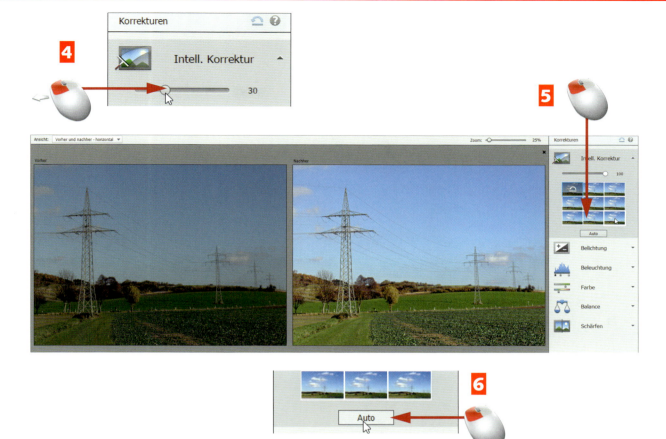

4 Passen Sie die Intensität der Korrektur zum Beispiel mit diesem Schieberegler an.

5 Alternativ dazu können Sie auch eines der Vorschaubilder anklicken, die verschiedene Stärkegrade repräsentieren. Das Foto ist nun deutlich verbessert. Sie sehen die Veränderungen übrigens bereits, wenn Sie den Mauszeiger über ein Miniaturbild halten.

6 Weisen Sie die automatische Korrektur mit der *Auto*-Schaltfläche zu.

Ende

Bei vielen digitalen Fotos erzielen Sie mit den automatischen Funktionen bereits sehr ansehnliche Ergebnisse.	Jedes Foto besteht aus vielen verschiedenen Farben mit unterschiedlichen Helligkeiten – diese nennt der Fachmann **Tonwerte**.	Falls Ihr Foto einen Farbstich aufweist, sind die Optionen im *Farbe*- und *Balance*-Bereich interessant.
Tipp	**Fachwort**	**Hinweis**

102 Vollständige Bearbeitung

Start

1. Klicken Sie auf das Register *Experte*.

2. Damit öffnen Sie diesen Arbeitsbereich, der deutlich mehr Möglichkeiten zur Bildbearbeitung bietet als der *Schnell*-Bereich.

3. Links sehen Sie die Werkzeugpalette, in der diverse Funktionen zur Bearbeitung des Fotos bereitgestellt werden.

In der vollständigen Bearbeitung stehen alle Funktionen zur Verfügung, die Photoshop Elements zu bieten hat. Im *Schnell*-Bereich sind dagegen viele Funktionen nicht verfügbar, was den Einstieg für Anfänger erleichtert.

Wissen

4 Photoshop Elements kennenlernen   103

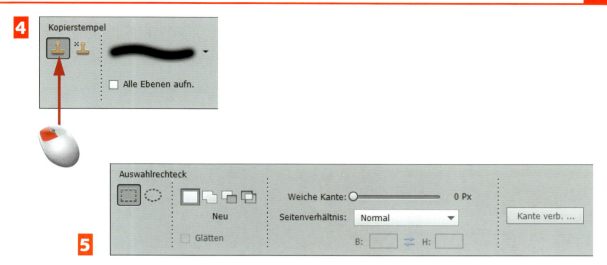

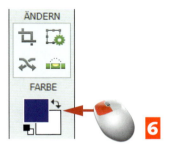

4 Oft sind die Schaltflächen der Werkzeugleiste mit mehreren Funktionen belegt. Die Auswahl des gewünschten Werkzeugs erfolgt dann in der Optionsleiste.

5 Die Optionsleiste bietet ebenfalls mehr Funktionen an als bei der Schnellkorrektur.

6 Legen Sie mit den zwei Farbfeldern am Ende der Werkzeugleiste die Vorder- und Hintergrundfarbe fest.

Ende

Im Arbeitsbereich des Fotoeditors sind rechts verschiedene Bedienfelder angeordnet, in denen die Funktionen thematisch sortiert bereitgestellt werden.

Die **Flyout-Menüs** der früheren Elements-Versionen gibt es nun nicht mehr. Die Auswahl erfolgt über die Optionsleiste.

Hinweis   **Fachwort**

104 Den Projektbereich verwenden

Start

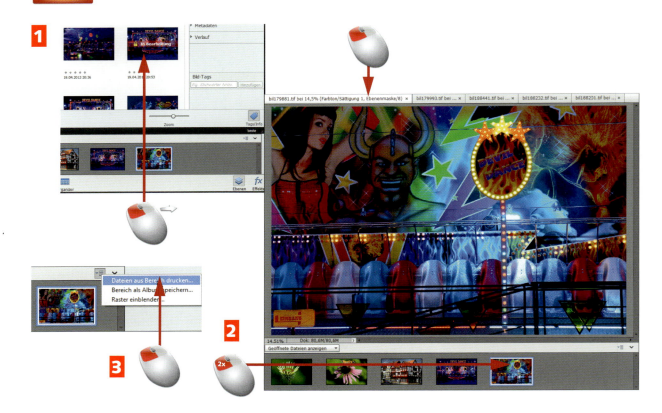

1 Wollen Sie mehrere Fotos im Editierbereich öffnen, ziehen Sie diese einfach aus dem Organizer in den Projektbereich unter dem Arbeitsbereich.

2 Sind im Projektbereich mehrere Fotos vorhanden, klicken Sie doppelt auf das Vorschaubild des zu bearbeitenden Fotos oder einmal auf die Registerkarte.

3 Mit dem Pfeil rechts im Projektbereich öffnen Sie ein Menü mit einigen Funktionen – zum Beispiel können Sie alle Fotos drucken oder als Album speichern.

Sie können nicht nur ein Foto im Editierbereich öffnen. Dies ist nützlich, wenn Sie beispielsweise verschiedene Fotos bearbeiten wollen, bei denen die gleichen Arbeitsschritte zu erledigen sind. Wechseln Sie zwischen den aktiven Fotos mit einem Mausklick. Nach dem Laden werden die Bilder im Organizer gesperrt, damit sie dort nicht bearbeitet werden können.

Wissen

4 Photoshop Elements kennenlernen 105

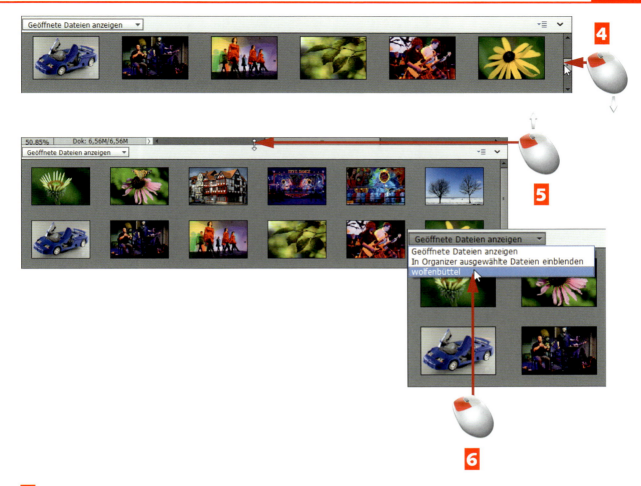

4 Sind viele Bilder im Projektbereich enthalten, schieben Sie den Scrollbalken so, dass das gewünschte Foto zu sehen ist.

5 Verschieben Sie alternativ dazu den oberen Steg mit gedrückter linker Maustaste, um den Projektbereich zu vergrößern.

6 In diesem Listenfeld stehen die Alben, die Sie im Photoshop-Album erstellt haben, zur Auswahl.

Ende

Größe und Auflösung des Bildes werden übrigens links unter dem Arbeitsbereich angezeigt.	Die **Auflösung** eines Bildes bestimmt, wie viele Pixel auf einem Zentimeter Länge untergebracht sind. Je mehr Pixel es sind, umso besser ist die Bildqualität.	Wollen Sie den Arbeitsbereich vergrößern, schließen Sie den Projektbereich mit einem Doppelklick auf die Registerkarte. Während der Bildbearbeitung wird er nicht benötigt.
Hinweis	**Fachwort**	**Hinweis**

106 Mit den Palettenfenstern arbeiten

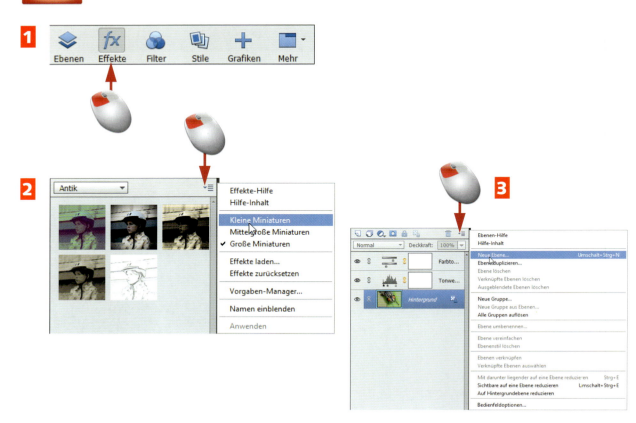

1 Klicken Sie auf eine der Schaltflächen rechts unter dem Arbeitsbereich, um rechts neben dem Bildbereich ein Palettenfenster einzublenden.

2 Klicken Sie auf den Pfeil im Kopfbereich der Palettenfenster. Damit öffnen Sie ein Menü mit zusätzlichen Funktionen, …

3 … die von Palettenfenster zu Palettenfenster variieren.

Im *Editor* gibt es eine ganze Menge verschiedener Palettenfenster mit zusätzlichen Funktionen. Neben den standardmäßig rechts eingeblendeten Varianten finden Sie weitere im *Fenster*-Menü.

Wissen

4 Photoshop Elements kennenlernen 107

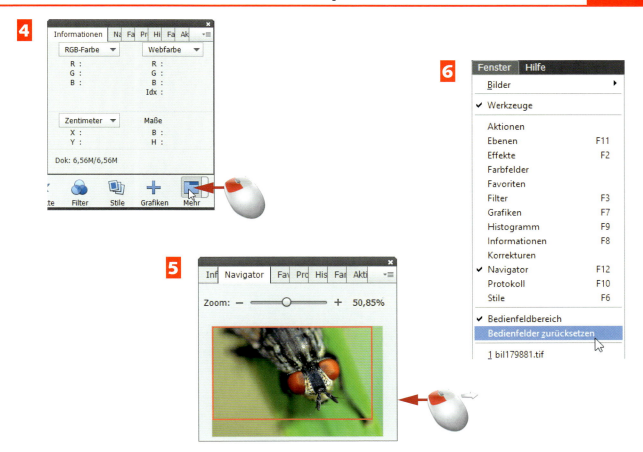

4 Mit der *Mehr*-Schaltfläche öffnen Sie ein frei schwebendes Palettenfenster, das auf mehreren Registerkarten weitere Optionen anbietet.

5 Skalieren Sie diese Palettenfenster durch Ziehen der Kante.

6 Im *Fenster*-Menü finden Sie diese Palettenfenster für unterschiedliche Aufgaben ebenfalls.

Ende

Tipp

Um die Palettenfenster wieder in die Ausgangssituation zu versetzen, benötigen Sie die Funktion *Fenster/Bedienfelder zurücksetzen*.

Hinweis

Die zusätzlichen Palettenfenster im *Fenster*-Menü werden nach dem Aufruf standardmäßig als frei schwebende Varianten eingeblendet. Sie können sie frei im Arbeitsbereich platzieren.

108 Weitere Bedienelemente

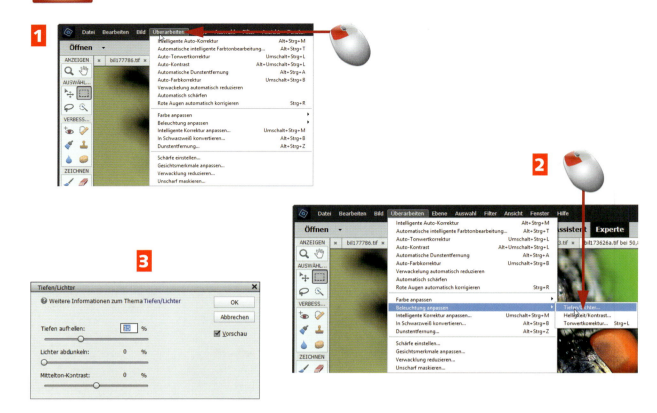

1. Klicken Sie auf eine Menüfunktion, um ein Menü mit verschiedenen Funktionen anzuzeigen.

2. Ist rechts neben dem Eintrag ein Pfeil zu sehen, verzweigt sich dieser in ein Untermenü.

3. Sind hinter dem Eintrag drei Punkte zu sehen, öffnet sich nach dem Aufruf ein Dialogfeld. Nehmen Sie hier Ihre Einstellungen vor.

Viele Funktionen erreichen Sie nur über das Menü – dies ist bei Windows-Programmen so üblich.

Wissen

4 Photoshop Elements kennenlernen 109

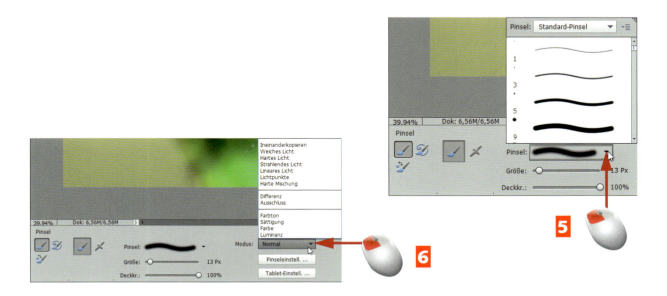

4 Je nachdem, was für ein Werkzeug Sie in der Werkzeugleiste ausgewählt haben, werden die dazugehörenden Optionen in der Optionsleiste bereitgestellt.

5 Treffen Sie in den Listenfeldern der Optionsleiste entweder anhand von Vorschaubildern …

6 … oder Texteinträgen Ihre Wahl.

Ende

Für die tägliche Praxis: Die wichtigsten Funktionen werden in der Optionsleiste bereitgestellt.

Gibt es für eine Funktion eine Tastenkombination für einen schnellen Aufruf, wird diese hinter dem Eintrag angezeigt.

Hinweis   **Hinweis**

Fotos schnell korrigieren

5

Schnelle Korrekturen im Fotoeditor

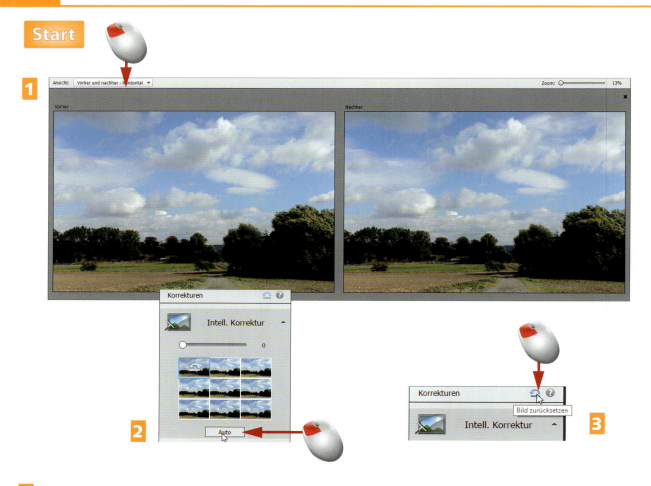

1 Laden Sie das betreffende Foto im *Schnell*-Bereich. Stellen Sie beispielsweise die *Ansicht*-Option *Vorher und nachher – horizontal* ein.

2 Es ist durchaus empfehlenswert, zunächst einmal die automatische Korrektur im Palettenfenster durchzuführen. Klicken Sie auf die *Auto*-Option.

3 Klicken Sie in der Kopfzeile des Palettenfensters auf dieses Symbol, wenn die Änderung nicht übernommen werden soll.

Im Schnellkorrekturbereich finden Sie diverse grundlegende Optionen, um das geladene Bild zu optimieren. Für eine „schnelle Korrektur" ist dieser Bereich bestens geeignet. Er ist besonders praktisch für Einsteiger.

Wissen

5 Fotos schnell korrigieren 113

4 Optimieren Sie anschließend zum Beispiel noch auf dieselbe Art und Weise die Sättigung der Farben.

5 Weisen Sie auch diese Veränderung zu. Damit entsteht eine deutliche Verbesserung des Bildes.

6 Die Maximalwerte sollten Sie nicht einsetzen, weil dabei stark verfälschte Ergebnisse entstehen, wie das Beispiel zeigt.

Ende

Fachwort	Tipp	Hinweis
Durch eine höhere **Sättigung** sind die Farben leuchtender.	Die Veränderungen werden bereits angezeigt, wenn Sie den Mauszeiger über ein Miniaturbild halten – das Zuweisen ist dazu nicht unbedingt nötig.	Während der Bearbeitung lassen sich die Einstellungen noch jederzeit verändern. Erst wenn Sie zu einer anderen Korrekturoption wechseln, wird die Änderung zugewiesen.

114 Weitere Korrekturen

Start

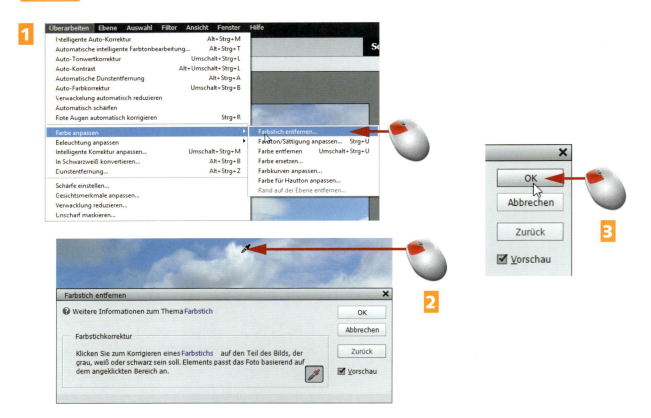

1. Rufen Sie die Funktion *Farbstich entfernen* aus dem Menü *Überarbeiten/Farbe anpassen* auf.

2. Klicken Sie im Foto auf eine Position, an der entweder ein weißer, grauer oder schwarzer Farbton sein soll.

3. Bestätigen Sie die Eingabe mit der *OK*-Schaltfläche.

Mit dem Einsatz der Menüfunktionen erreichen Sie diffizilere Ergebnisse, da hier auch eine numerisch präzise Eingabe von Werten möglich ist.

Wissen

5 Fotos schnell korrigieren   115

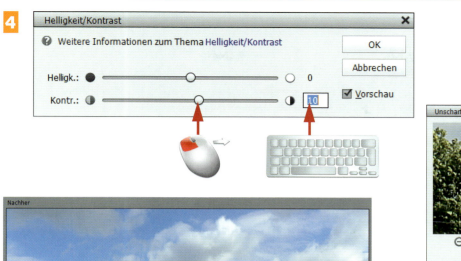

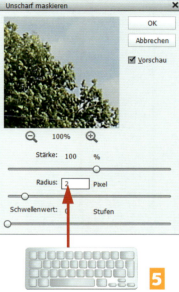

4 Rufen Sie die Funktion *Überarbeiten/Beleuchtung anpassen/Helligkeit/Kontrast* auf. Stellen Sie für den *Kontrast* einen Wert von *10* ein.

5 Anschließend benötigen Sie die Funktion *Überarbeiten/Unscharf maskieren*. Stellen Sie die abgebildeten Werte ein, um ...

6 ... dieses geschärfte Ergebnis zu erhalten.

Ende

Tipp

Ob ein Foto einen Farbstich aufweist, erkennen Sie am besten an den Flächen, die weiß sein müssten. Sind diese nicht „rein" weiß, hat das Foto einen Farbstich.

Hinweis

Digitalkamerabilder müssen meist ein wenig nachgeschärft werden – das ist normal.

116 Die bearbeiteten Fotos speichern

Start

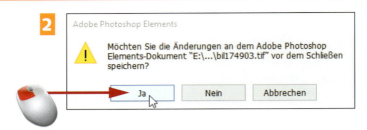
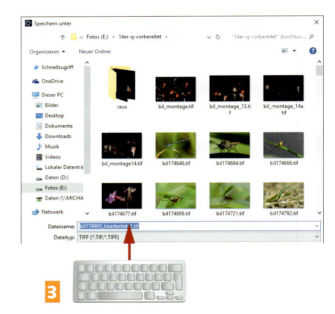

1. Rufen Sie aus dem *Datei*-Menü die Funktion *Schließen* auf, um den Bearbeitungsmodus zu verlassen.

2. Bestätigen Sie, dass die bearbeitete Version gespeichert werden soll.

3. Geben Sie einen neuen Namen ein oder übernehmen Sie einfach die vorgeschlagene Variante.

Das Speichern im *Schnell*-Arbeitsbereich bietet Ihnen einige erweiterte Möglichkeiten. So können Sie beispielsweise die Stärke der Komprimierung festlegen, wenn Sie das Ergebnis im JPEG-Dateiformat speichern.

Wissen

5 Fotos schnell korrigieren 117

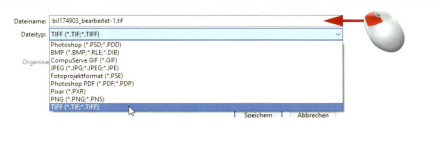

4 Stellen Sie in diesem Listenfeld gegebenenfalls ein anderes Dateiformat ein – beispielsweise das TIF-Format, das Sie für Druckerzeugnisse benötigen.

5 Markieren Sie die Option, dass ein Versionssatz erstellt wird.

6 Stellen Sie im nächsten Arbeitsschritt die Qualität der JPEG-Speicherung ein. Sie sollten für eine bestmögliche Bildqualität die Option *Maximal* verwenden.

Ende

Tipp

Stellen Sie stets die maximale JPEG-Komprimierung ein, um die bestmögliche Bildqualität zu erhalten.

Fachwort

Die **Komprimierung** reduziert die Dateigröße. Dies geschieht allerdings zulasten der Bildqualität. Daher müssen Sie hier einen Kompromiss wählen.

Hinweis

Wenn Sie einen Versionssatz bilden, haben Sie den Vorteil, stets Zugriff auf das Original und das veränderte Bild zu haben.

Arbeiten mit Versionssätzen

Start

1

2

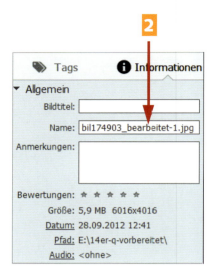

3

1 In der Katalogansicht erkennen Sie am Symbol oben rechts im Vorschaubild, dass es sich um einen Versionssatz handelt.

2 Ein Blick in das *Eigenschaften*-Bedienfeld belegt, dass eine Kopie erstellt wurde. Der Dateiname trägt einen entsprechenden Zusatz.

3 Wird dem geschlossenen Versionssatz ein Tag zugewiesen, …

Auf der Festplatte befinden sich nach dem Optimieren eines Fotos zwei Dateien. Photoshop Elements hat vom Original automatisch eine Kopie für die Bearbeitung erstellt. Durch das Zusammenfassen zu einem Versionssatz bleibt das Album übersichtlich. Sie brauchen nicht lange nach der Kopie zu suchen.

Wissen

5 Fotos schnell korrigieren 119

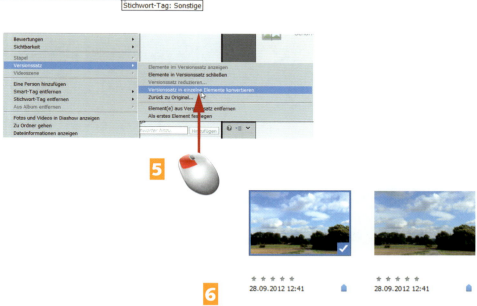

4 ... erhalten alle Fotos im Versionssatz dieses Tag.

5 Die Versionssätze können jederzeit getrennt werden. Sie erreichen die Funktionen über das Kontextmenü.

6 Nach der Trennung sehen Sie in der Katalogansicht zwei „ganz normale" Miniaturansichten.

Ende

Sind die Bilder eines Versionssatzes einmal getrennt, können sie nicht wieder zu einem Versionssatz zusammengefügt werden.	Das korrigierte Foto wird automatisch in den Katalog aufgenommen – darum brauchen Sie sich nicht extra zu kümmern, wenn Sie die Option *In Elements Organizer aufnehmen.* aktiviert haben.
Hinweis	**Hinweis**

120 Den Experte-Bereich personalisieren

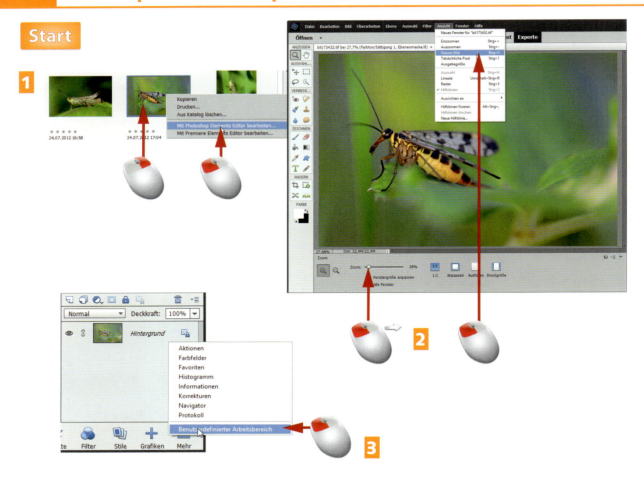

1. Rufen Sie nach dem Markieren des zu optimierenden Fotos im Album zum Beispiel aus dem Kontextmenü die Funktion *Mit Photoshop Elements Editor bearbeiten* auf.

2. Nach dem Aufruf des *Zoom-Werkzeugs* können Sie die Darstellungsgröße wahlweise über die Optionsleiste oder das *Ansicht*-Menü einstellen.

3. Klicken Sie auf den Pfeil neben der *Mehr*-Schaltfläche in der Fußzeile, um dieses Menü zu öffnen. Stellen Sie hier die Option *Benutzerdefinierter Arbeitsbereich* ein.

Im *Experte*-Bereich des Fotoeditors haben Sie sehr viele ausgefeilte Optionen, um Fotos in allen erdenklichen Bereichen zu bearbeiten und zu optimieren. Wenn Sie sich ein wenig in Photoshop Elements eingearbeitet haben, ist dieser Modus praktischer als die beiden anderen Modi, da er Ihnen mehr Möglichkeiten bietet.

Wissen

5 Fotos schnell korrigieren 121

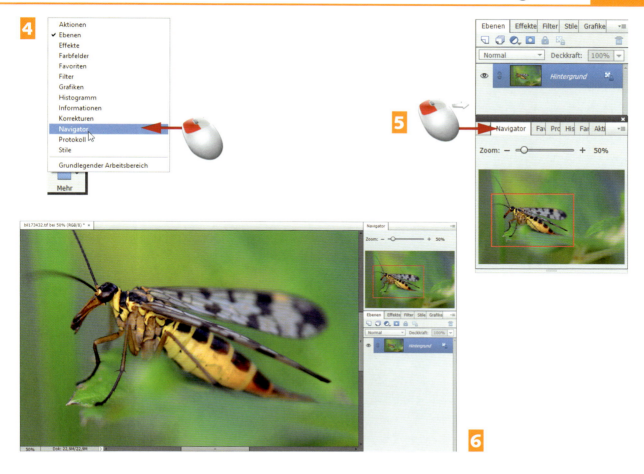

4 Im Menü finden Sie diverse zusätzliche Palettenfenster, die nach dem Aufruf ...

5 ...als frei schwebendes Palettenfenster eingeblendet werden.

6 Wenn Sie ein Register anklicken, können Sie es per Drag-and-drop in den rechten Bereich aufnehmen und sich so einen eigenen Arbeitsbereich zusammenstellen. Im Beispiel wurde das *Navigator*-Palettenfenster aufgenommen, da es bei größeren Darstellungen häufig benötigt wird.

Ende

Die Scrollbalken erscheinen automatisch, wenn die Darstellungsgröße so gewählt ist, dass nicht das gesamte Bild zu sehen ist.	Bei vergrößerten Darstellungen können Sie das *Navigator*-Palettenfenster nutzen, um den sichtbaren Bereich festzulegen. Ziehen Sie dazu den roten Rahmen auf die gewünschte Position.	Um mehr Platz im Arbeitsbereich zu erhalten, können Sie die ⇧-Taste drücken. Dann werden sowohl die Werkzeugleiste als auch die Bedienfelder ausgeblendet.
Hinweis	**Hinweis**	**Tipp**

122 Freistellen des Bildes

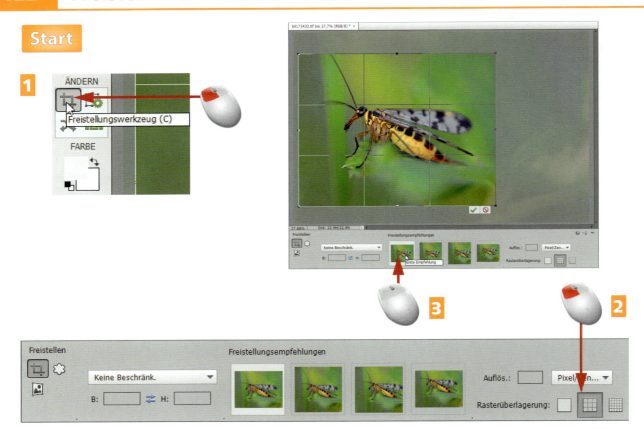

1. Klicken Sie in der Werkzeugleiste auf das *Freistellungswerkzeug*.

2. In der Optionsleiste können Sie zwischen verschiedenen Hilfslinien wählen. Stellen Sie beispielsweise die Option *Drittel-Regel* ein.

3. Die Freistellungsoptionen, die Sie in der Optionsleiste sehen, helfen beim harmonischen Zuschneiden. Halten Sie den Mauszeiger über eine der Empfehlungen, wird der Vorschlag im Bild angezeigt.

Im Editor können Sie ein Bild sehr flexibel freistellen. Um zu erkennen, welche Bildpartien abgeschnitten werden, sind diese dunkel markiert. Elements bietet in der aktuellen Version sogar Hilfestellungen an, damit das Motiv beispielsweise im Goldenen Schnitt erscheint.

Wissen

5 Fotos schnell korrigieren 123

4 Ziehen Sie einen Rahmen über dem gesamten Bild auf. Halten Sie die ⇧-Taste gedrückt und ziehen Sie einen Eckmarkierungspunkt, bis die neue Größe erreicht ist.

5 Um den Markierungsrahmen auf eine andere Position zu verschieben, klicken Sie in den Markierungsbereich.

6 Klicken Sie auf das Haken-Symbol rechts unter dem Markierungsrahmen, um dann die Freistellung zuzuweisen.

Ende

Soll das Seitenverhältnis nicht beibehalten werden, können Sie die mittleren Markierungspunkte des Rahmens zum Dehnen verwenden.

Durch Drücken der ⇧-Taste bleibt das Seitenverhältnis von Höhe zu Breite erhalten.

Hinweis **Hinweis**

124 Die Bildqualität optimieren

Start

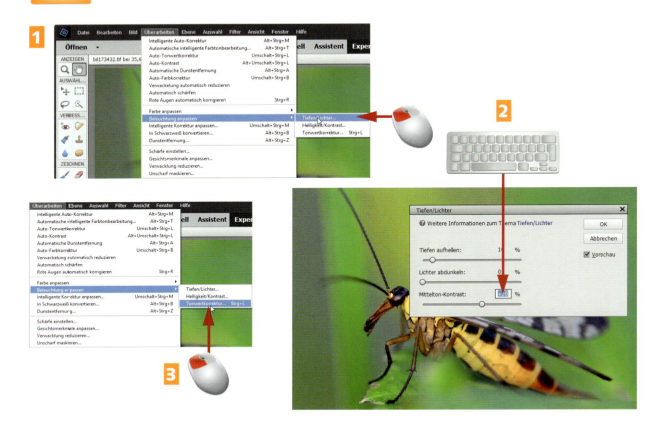

1. Im *Überarbeiten*-Menü gibt es verschiedene Funktionen zur Bildoptimierung. Rufen Sie die Funktion *Beleuchtung anpassen/Tiefen/Lichter* auf.

2. Geben Sie die abgebildeten Korrekturwerte ein. Wenn rechts die *Vorschau*-Option aktiviert ist, sehen Sie das zu erwartende Ergebnis gleich im Bild.

3. Rufen Sie die Funktion *Überarbeiten/Beleuchtung anpassen/Tonwertkorrektur* auf.

Im *Experte*-Bereich werden die Einstellungen meist in gesonderten Dialogfeldern vorgenommen. Hier ist eine numerisch präzise Angabe der Änderungen möglich.

Wissen

5 Fotos schnell korrigieren 125

4 Verwenden Sie zunächst die *Auto*-Funktion. Tippen Sie dann in den *Tonwertspreizung*-Eingabefeldern *10, 0,9, 245* ein, damit das Bild kontrastreicher wird.

5 Rufen Sie die Funktion *Überarbeiten/Unscharf maskieren* auf und stellen Sie die gezeigten Werte ein.

6 Mit den vorgenommenen Optimierungen entsteht dieses deutlich verbesserte Ergebnis.

Ende

Wenn Sie die Korrekturen häufiger benötigen, lohnt es, sich die hinter dem Menüeintrag angezeigten Tastenkürzel einzuprägen.

Mit dem mittleren Wert der *Tonwertspreizung* ändern Sie die Mitteltöne des Bildes. Werte über 1,00 hellen das Bild auf – niedrigere Werte dunkeln das Bild ab.

Digitalkameraaufnahmen müssen meist mit einer etwas höheren Sättigung versehen und zusätzlich geschärft werden.

Tipp **Hinweis** **Hinweis**

Farbkurven anpassen

Start

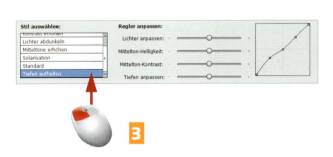

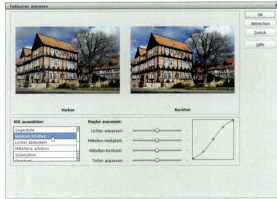

1 Rufen Sie nach dem Öffnen des Bildes die Funktion *Überarbeiten/Farbe anpassen/Farbkurven anpassen* auf.

2 Im Dialogfeld wird links das Originalbild und rechts das Ergebnis angezeigt.

3 Im Listenfeld finden Sie verschiedene vorgefertigte Stile. Wählen Sie hier aus, auf welche Art Sie das Bild optimieren wollen.

Das Anpassen eines Bildes mit den Farbkurven ist immer dann empfehlenswert, wenn Sie bestimmte Bildteile anpassen wollen – beispielsweise die Lichter oder die Schatten eines Fotos. Die vorgefertigten Stile führen zu einem schnellen Ergebnis.

Wissen

5 Fotos schnell korrigieren

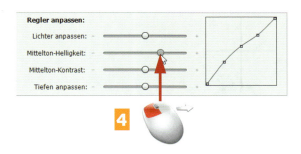

4 Mit den Schiebereglern passen Sie die Einstellungen des ausgewählten Stils Ihren Bedürfnissen an.

5 Neben den Bildoptimierungsstilen finden Sie in der Liste auch den *Solarisation*-Effekt, …

6 … der zu diesem interessanten Ergebnis führt.

Ende

Bei professionelleren Bildbearbeitungsprogrammen bietet die Gradationskurven-Funktion nuanciertere Anpassungsmöglichkeiten.

Verwenden Sie die *Zurück*-Schaltfläche, wenn ein zugewiesener Stil wieder zurückgenommen werden soll.

Hinweis   **Hinweis**

Fotos bearbeiten

6

130 Die Bildgröße ändern

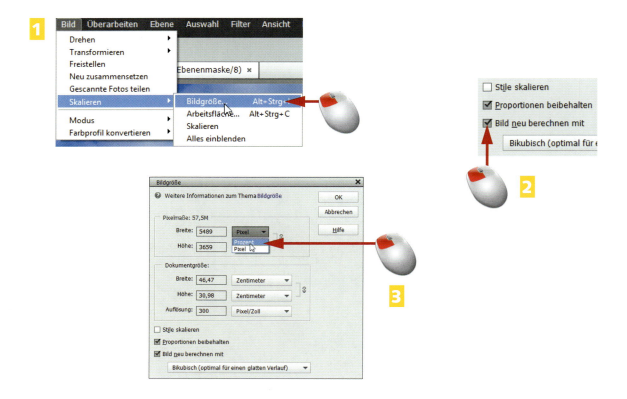

1. Rufen Sie nach dem Öffnen des betreffenden Bildes die Funktion *Bild/Skalieren/Bildgröße* auf.

2. Achten Sie darauf, dass im unteren Bereich die Option *Bild neu berechnen mit* aktiviert ist. Nur dann wird die Pixelanzahl des Bildes verändert.

3. Stellen Sie ein, ob Sie absolute oder prozentuale neue Werte für die neue Größe eingeben wollen.

Es wird selten vorkommen, dass Sie Bilder in der Ausgangsgröße benötigen – bei den aktuellen Megapixelwerten der digitalen Kameras können Sie sehr große Poster drucken. Meist werden Sie aber kleinere Größen benötigen. Daher sollten Sie die Bilder auf die letztlich benötigte Größe skalieren.

Wissen

6 Fotos bearbeiten 131

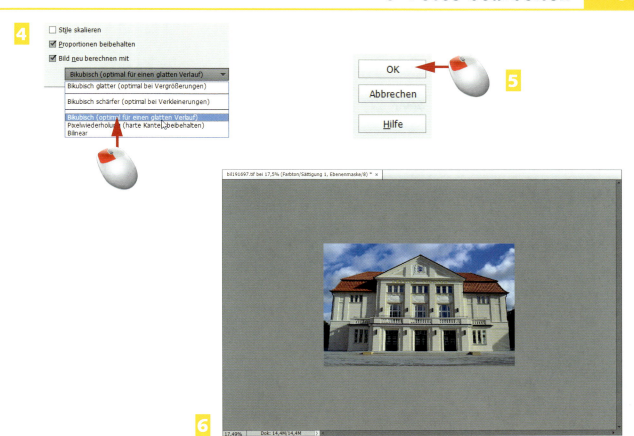

4 Um beim Umrechnen die bestmögliche Qualität zu erhalten, sollten Sie die Option *Bikubisch (optimal für einen glatten Verlauf)* auswählen.

5 Bestätigen Sie die neuen Einstellungen mit der *OK*-Schaltfläche im Kopfbereich des Dialogfeldes.

6 Nach der Verkleinerung müssen Sie die Darstellungsgröße anpassen, wenn das Bild wieder den ganzen Arbeitsbereich ausfüllen soll.

Hinweis

Die skalierten Bilder sollten Sie unter einem anderen Namen speichern. So bleibt Ihnen für etwaige spätere Bearbeitungen das Originalbild erhalten.

Fachwort

Als **Interpolation** bezeichnet man beim Vergrößern von Bildern das „Dazurechnen" von Pixeln. Dabei ergeben sich aber keine neuen Bilddetails.

132 Hintergründe in Ebenen verwandeln

1 Rufen Sie das *Zoom-Werkzeug* auf. Tippen Sie in das Eingabefeld einen Zoomwert ein, bei dem ein wenig Umfeld zu sehen ist – etwa so, wie es die Abbildung zeigt. Der Freiraum wird für die folgenden Arbeitsschritte benötigt.

2 Rufen Sie die Funktion *Bild/Transformieren/Perspektivisch verzerren* auf, mit der Sie die stürzenden Linien im Bild korrigieren können.

Die Schritte zur Optimierung kennen Sie schon. Daher beginnt dieser Workshop mit einem Foto, bei dem die Tonwertkorrektur und die Erhöhung der Farbsättigung bereits erledigt sind.

Wissen

6 Fotos bearbeiten 133

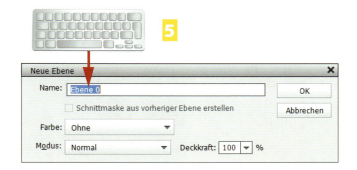

3 Standardmäßig bestehen alle Fotos nur aus einem Hintergrund.

4 Nach dem Aufruf der *Transformieren*-Funktion wandelt Elements den Hintergrund automatisch in eine Ebene um – dies zeigt ein Blick in das *Ebenen*-Palettenfenster.

5 Mit einem Doppelklick auf den Hintergrund-Eintrag im *Ebenen*-Palettenfenster können Sie die Umwandlung in eine Ebene auch jederzeit manuell vornehmen.

Ende

Fotos bestehen standardmäßig aus einem Hintergrundbild – das Bild kann daher nicht verschoben werden. Es ist sozusagen fest „verankert".

Eine Ebene „schwebt" gewissermaßen über dem Hintergrund.

Hinweis

Hinweis

Die Perspektive bearbeiten

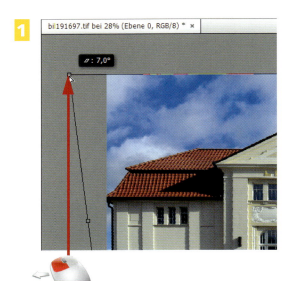
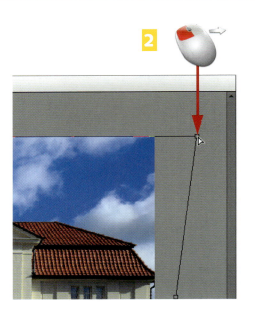

1. Acht Markierungspunkte dienen zur Verzerrung der Ebene. Verschieben Sie den linken oder …

2. … den rechten Markierungspunkt, um die stürzenden Linien zu korrigieren. Der andere Markierungspunkt wird jeweils automatisch mit verschoben.

3. Bestätigen Sie die Verzerrung, indem Sie auf den Haken rechts unten im Bild klicken.

Bei Gebäudeaufnahmen lässt es sich nicht vermeiden, dass „stürzende Linien" entstehen. Diese perspektivische Verzerrung entsteht immer dann, wenn die Kamera bei der Aufnahme geneigt wird. Viele Fotografen mögen das nicht. Dieser Fehler kann aber mit Photoshop Elements leicht korrigiert werden.

Wissen

6 Fotos bearbeiten 135

4 Nach dem Bestätigen erhalten Sie das abgebildete Ergebnis.

5 Um die Ebene wieder mit dem Hintergrund zu „verschmelzen", verwenden Sie die Funktion *Ebene/Auf Hintergrundebene reduzieren*.

6 Im *Ebenen*-Palettenfenster sehen Sie dann die umgewandelte Ebene.

Ende

Die Verzerrung kann auch mit einem Doppelklick innerhalb des Markierungsrahmens zugewiesen werden.

Verwenden Sie die Funktion *Ansicht/Raster*, um bei der Korrektur eine Orientierung zu erhalten.

Hinweis

Tipp

Bilder gerade rücken

Start

1 Öffnen Sie das Foto und rufen Sie das *Gerade-ausrichten-Werkzeug* aus der Werkzeugleiste auf.

2 Stellen Sie in der Optionsleiste die Option *Hintergrund entfernen* ein, damit das Foto nach dem Ausrichten zugeschnitten wird.

Sie sollten schon beim Fotografieren darauf achten, dass der Horizont gerade ausgerichtet ist. Falls jedoch trotzdem einmal bei der Aufnahme etwas „schiefgegangen" ist, können Sie dies nachträglich korrigieren.

Wissen

6 Fotos bearbeiten   137

3 Ziehen Sie mit gedrückter linker Maustaste eine Linie auf, die gerade ausgerichtet werden soll.

4 Nach dem Loslassen der Maustaste wird das Bild gedreht. Außerdem werden die dadurch entstehenden weißen Stellen am Rand abgeschnitten.

Ende

Es werden immer die horizontalen Linien ausgerichtet. Vertikale Linien lassen sich nicht ausrichten. Dabei würde lediglich das Bild gedreht.

Fotos wirken „professioneller", wenn der Horizont gerade durch das Bild läuft.

Hinweis   **Hinweis**

138   Bilder neu zusammensetzen

Start

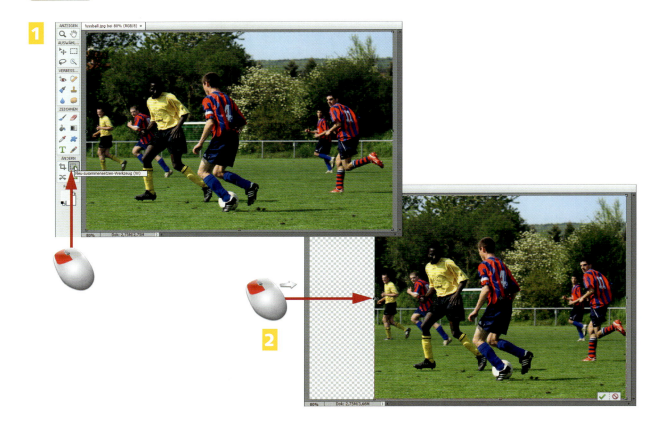

1 Wenn Sie Bilder neu arrangieren wollen, rufen Sie das *Neu-zusammensetzen-Werkzeug* aus der Werkzeugleiste auf.

2 Verziehen Sie die Markierungspunkte, um das Bild zu stauchen. Beim automatischen Modus fällt auf, dass der mittlere Fußballer zwar korrekt erhalten bleibt – aber an den Beinen kommt es zu Fehlern beim Stauchen.

> Mit dem *Neu-zusammensetzen-Werkzeug* haben Sie die Möglichkeit, bestimmte Bildteile neu zu arrangieren. Dies können Sie beispielsweise auch nutzen, wenn Sie störende Bildteile eliminieren wollen. Für viele nicht perfekte Urlaubsfotos ist dies ein sehr nützliches Werkzeug.

Wissen

6 Fotos bearbeiten 139

3. Aktivieren Sie in der Optionsleiste die Option *Als geschützt markieren*.

4. „Ummalen" Sie die Bildteile, die vor Veränderungen geschützt bleiben sollen. Auch wenn die meisten Spieler korrekt erkannt wurden, wurden fast alle markiert.

5. Verziehen Sie anschließend erneut die linke Kante des Markierungsrahmens. Zum Bestätigen des Zuschneidens verwenden Sie das Haken-Symbol unten rechts.

So, wie Sie bestimmte Bildteile schützen können, lassen sich auch Bildteile markieren, die beim Neuzusammensetzen gelöscht werden sollen.

Falls Sie sich beim Markieren vertan haben, können Sie den Radiergummi aus der Optionsleiste des *Neu-zusammensetzen-Werkzeugs* zur Korrektur einsetzen.

Hinweis

Tipp

Einstellungsebenen verwenden

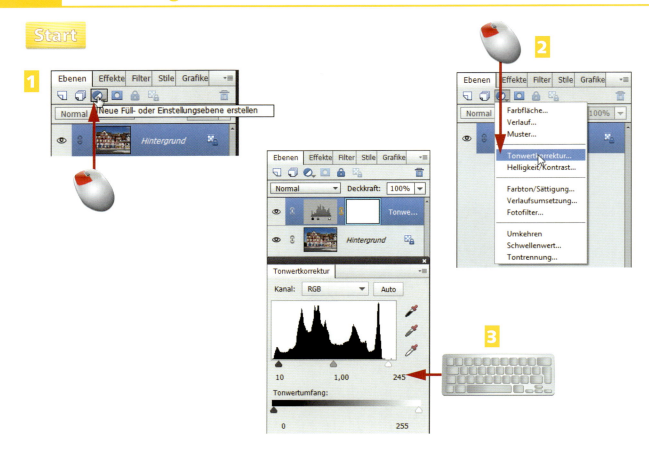

1. Über dieses Symbol im Kopfbereich des *Ebenen*-Palettenfensters erreichen Sie die Einstellungsebenen. Nach dem Anklicken …

2. … wählen Sie die Korrektur- oder Effektfunktion in diesem Menü aus.

3. Danach zeigt Photoshop Elements die dazugehörenden Optionen im *Korrekturen*-Palettenfenster an. Tippen Sie die gewünschten Werte in die Eingabefelder ein.

Wenn Sie die Einstellungen von zugewiesenen Bildoptimierungen eventuell später verändern wollen, bietet es sich an, die nützlichen Einstellungsebenen einzusetzen. Sie sind für viele verschiedene Optimierungs- und Verfremdungsfunktionen verfügbar und daher sehr nützlich.

Wissen

6 Fotos bearbeiten 141

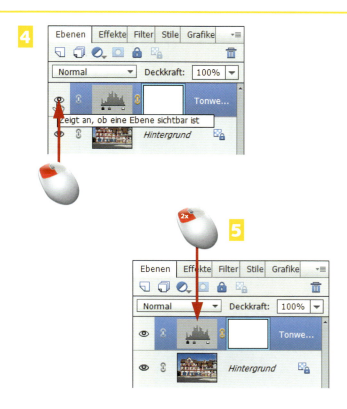
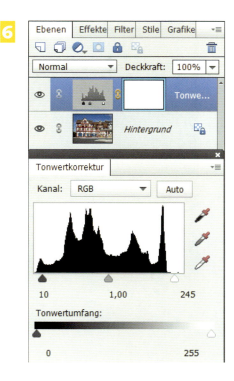

4 Klicken Sie auf das Augensymbol, wenn die angewendete Korrektur ausgeblendet werden soll. Sie sehen dann wieder das Ausgangsbild.

5 Um nachträglich Einstellungen zu verändern, klicken Sie doppelt auf das Symbol für die Einstellungsebene.

6 Damit wird das *Tonwertkorrektur*-Palettenfenster erneut als frei schwebendes Palettenfenster geöffnet.

Ende

Da beim Einsatz von Einstellungsebenen nachträglich Änderungen an den Einstellungen möglich sind, nennt man diese Funktionen **verlustfreie Korrekturen**.	Um vorgenommene Einstellungen im *Korrekturen*-Palettenfenster wieder zurückzunehmen, drücken Sie die *Zurück*-Schaltfläche rechts unten im Palettenfenster.	Sie können auch mehrere verschiedene Einstellungsebenen auf ein Bild anwenden. Die Einstellungsebenen werden dann einfach „übereinandergestapelt".
Fachwort	**Hinweis**	**Tipp**

142 Drastische Bildkorrekturen

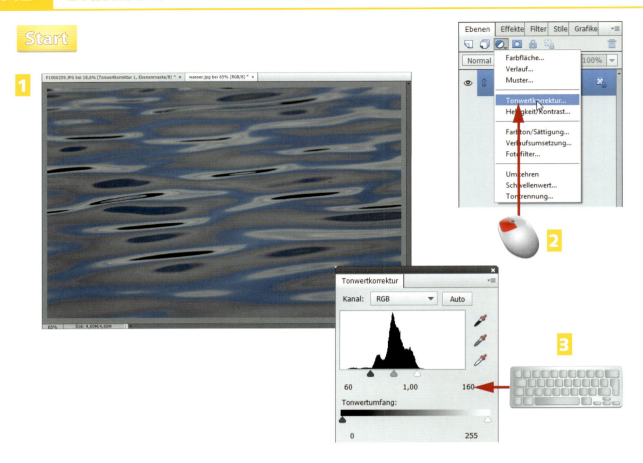

1. Das Ausgangsbild einer Wasseroberfläche ist noch nicht so richtig spannend.

2. Rufen Sie die Einstellungsebene *Tonwertkorrektur* auf.

3. Geben Sie im ersten Eingabefeld der Funktion einen Wert von *60* und im dritten Feld den Wert *160* ein, um den Kontrast des Bildes drastisch zu erhöhen.

Die Funktionen des *Überarbeiten*-Menüs bieten sehr viele verschiedene Möglichkeiten zur Bildveränderung. So können beispielsweise die Helligkeit und der Kontrast ebenso wie die Farbe der Bilder verändert werden.

Wissen

6 Fotos bearbeiten 143

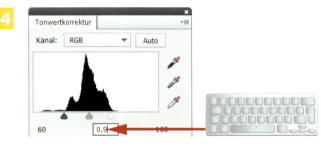

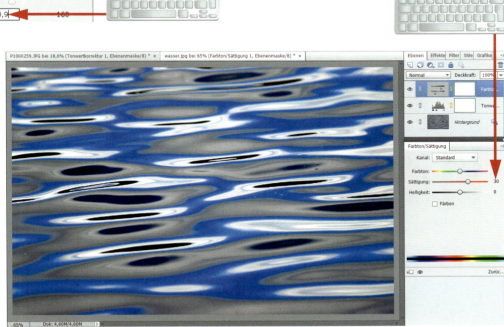

4 Geben Sie einen Gammawert von *0,9* ein, um die mittleren Farbtöne ein wenig abzudunkeln.

5 Erstellen Sie eine weitere Einstellungsebene mit der Funktion *Farbton/Sättigung* und stellen Sie einen *Sättigung*-Wert von *30* ein, um leuchtendere Farben zu erhalten.

6 Das Ergebnis sieht schon viel interessanter aus als das Ausgangsbild, nicht wahr?

Der **Gammawert** regelt die Helligkeit der mittleren Grautöne. Der Standardwert ist 1,0. Höhere Werte hellen das Bild auf – niedrigere Werte dunkeln es ab.

Oft lassen sich „unattraktive" Fotos mit den Funktionen im *Überarbeiten*-Menü in ansprechende „Kunstwerke" verwandeln.

Fachwort

Hinweis

144 Farbverfälschte Bilder erstellen

Start

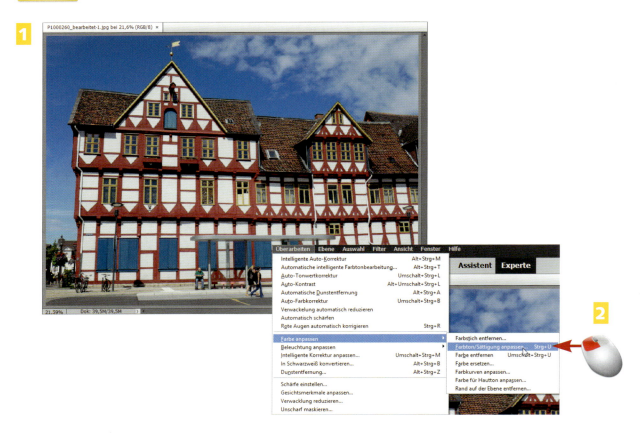

1 Dieses Foto soll verfremdet werden, indem die Farbtöne deutlich verändert werden.

2 Rufen Sie dazu die Funktion *Überarbeiten/Farbe anpassen/Farbton/Sättigung anpassen* auf.

Die Optimierungsfunktionen können Sie nicht nur verwenden, um Bilder zu verbessern. Mit extremen Werten erstellen Sie beispielsweise interessante Effektbilder.

Wissen

6 Fotos bearbeiten 145

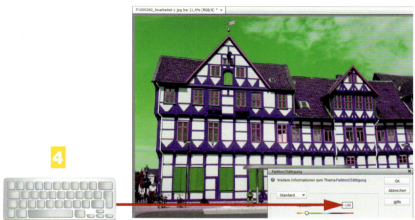

3 Wenn Sie den Wert für den Farbton verändern, ...

4 ... entstehen spannende neue Ergebnisse.

5 Wenn Sie flexibel bleiben wollen, können Sie auch eine Einstellungsebene für den Effekt einsetzen.

Ende

Fachwort

Je kräftiger die Farben im Bild sind, umso höher ist die **Sättigung**. Bilder mit einer hohen Sättigung sprechen den Betrachter mehr an als farblosere Bilder.

Hinweis

Experimentieren Sie doch einmal mit verschiedenen extremen Werten herum – beispielsweise auch beim Verstärken der Sättigung.

Schwarz-Weiß-Umwandlungen

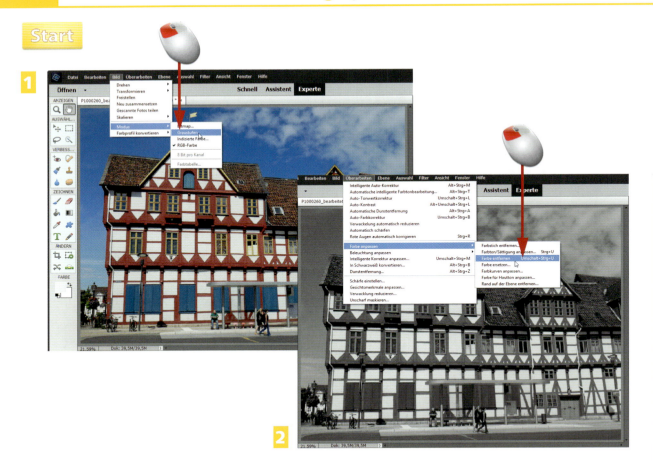

1. Die einfachste Möglichkeit, um Fotos in Schwarz-Weiß-Bilder umzuwandeln, ist der Einsatz der Funktion *Bild/Modus/Graustufen*. Das Ergebnis besteht dabei nur noch aus einem Kanal mit einem Schwarz-Weiß-Bild.

2. Eine andere Möglichkeit bietet sich mit der Funktion *Überarbeiten/Farbe anpassen/ Farbe entfernen*. Zusätzliche Optionen gibt es aber bei dieser Funktion nicht.

Schwarz-Weiß-Bilder haben einen ganz eigenen Reiz. Das mag auch daran liegen, dass man lange Zeit nur schwarz-weiße Bilder machen konnte – die Farbfotografie gibt es erst seit den 1930er-Jahren. Viele Fotografen experimentieren auch heute noch gerne mit schwarz-weißen Varianten ihrer Farbbilder. Und so bietet Elements eine Menge Möglichkeiten an, Bilder umzuwandeln.

Wissen

6 Fotos bearbeiten 147

3 Eine weitere Variante bietet sich mit der Funktion *Überarbeiten/Farbe anpassen/Farbton/Sättigung anpassen*. Ziehen Sie den *Sättigung*-Regler auf den Wert *–100*.

4 Die meisten Möglichkeiten bei der Umwandlung bietet die Funktion *Überarbeiten/In Schwarzweiß konvertieren*. In einem gesonderten Dialogfeld werden einerseits vorgefertigte Stile angeboten, und andererseits können Sie die Intensität in allen Farbkanälen selbst einstellen.

Ende

Bei der Entsättigungsvariante entsteht zwar ein schwarzweißes Ergebnis – das Bild ist aber nach wie vor ein „Farbbild", wie Sie in der Registerkarte sehen. Dort steht *RGB/8*.

Es ist durchaus sinnvoll, verschiedene Möglichkeiten der Umwandlung auszuprobieren, um zu prüfen, bei welcher Variante das Bild am besten wirkt.

Hinweis **Tipp**

148 Die Funktion Verwacklung reduzieren

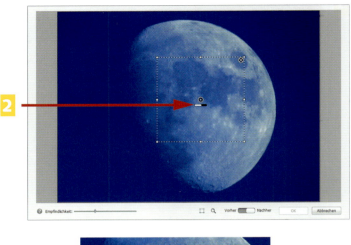

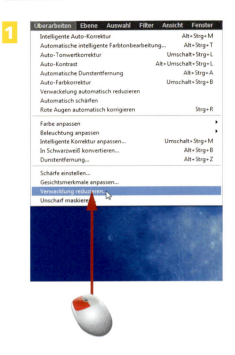

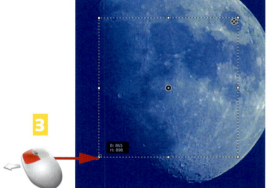

1. Rufen Sie nach dem Laden des betreffenden Fotos im *Experte*-Bereich die Funktion *Überarbeiten/Verwacklung reduzieren* auf.

2. Photoshop Elements untersucht das Foto, schlägt einen zu optimierenden Bereich vor und optimiert diesen automatisch. Am Fortschrittsbalken erkennen Sie die fortschreitende Optimierung – was einen Moment dauert.

3. Sie können den Bereich an den Markierungspunkten skalieren.

Wenn ein Bild bei der Aufnahme verwackelt wurde, kann die Funktion *Überarbeiten/Verwacklung reduzieren* – bei nicht allzu kräftigen Verwacklungen – helfen. Sie können dabei mehrere Bereiche im Bild festlegen und so sehr nuanciert eingreifen. Im *Überarbeiten*-Menü finden Sie außerdem eine automatische Variante dieser Funktion.

Wissen

6 Fotos bearbeiten 149

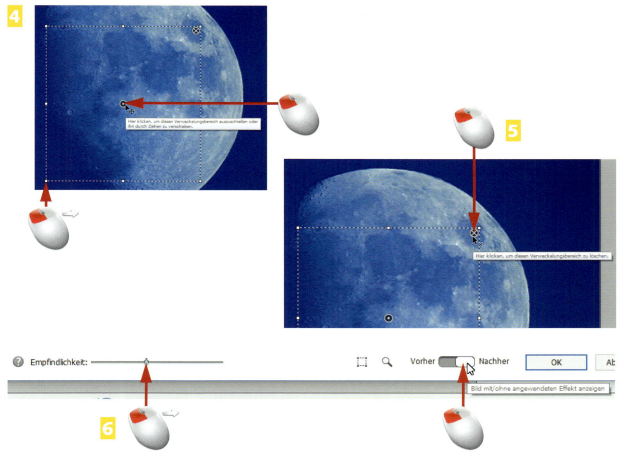

4 Sie können weitere Rahmen per Drag-and-drop aufziehen. Klicken Sie auf den Kreis, um den zu bearbeitenden Bereich auszuwählen.

5 Um einen Bereich wieder zu entfernen, klicken Sie auf dieses Symbol oben rechts im Rahmen.

6 Mit dem Schieberegler legen Sie die Stärke der Korrektur fest. Rechts finden Sie einen Schalter für eine *Vorher/Nachher*-Ansicht.

Ende

Die festgelegten Bereiche dürfen maximal 2.000 x 2.000 Pixel groß sein.	Wenn Sie das Lupensymbol aufrufen, wird ein gesondertes Dialogfeld eingeblendet, in dem die vergrößerte Ansicht angezeigt wird.	Wenn Sie das gesamte Bild „entwackeln" wollen, müssen Sie es vor dem Aufruf der Funktion gegebenenfalls skalieren, falls es zu groß ist.
Tipp	**Hinweis**	**Hinweis**

Die Dunstentfernung-Funktion

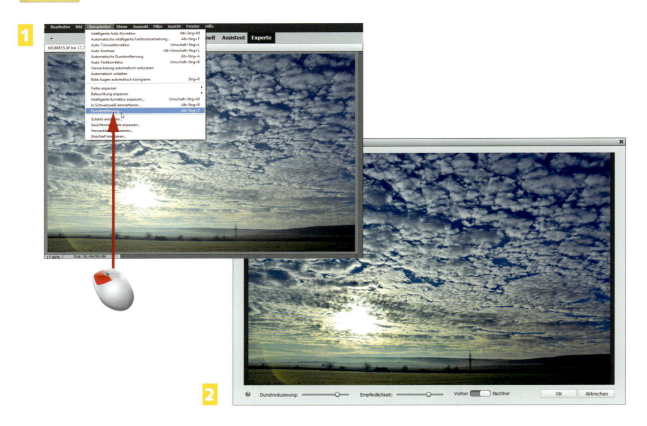

1 Rufen Sie nach dem Laden des betreffenden Fotos die Funktion *Überarbeiten/Dunstentfernung* auf. Sie erreichen diese Funktion auch mit dem Tastenkürzel [Alt]+[Strg]+[Z].

2 Damit wird ein Fenster geöffnet. Elements schlägt eine automatische Optimierung vor, die in vielen Fällen bereits zu einem guten Ergebnis führt.

Interessant ist auch eine Funktion, die es ermöglicht, dunstige Fotos zu verbessern. Elements hebt dazu unter anderem den Kontrast des Bildes an. Sie können diese Funktion übrigens auch nutzen, um „normale" Fotos brillanter erscheinen zu lassen.

Wissen

6 Fotos bearbeiten 151

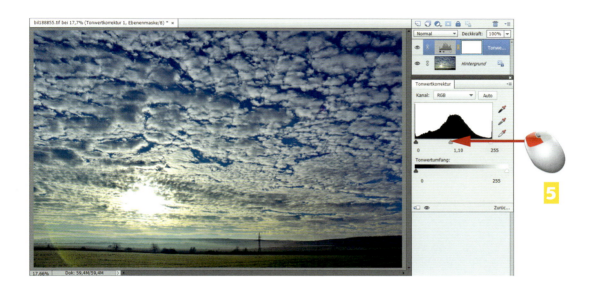

3 Nutzen Sie die beiden Schieberegler in der Fußzeile zum Anpassen der Wirkung.

4 Nach dem Bestätigen mit der *OK*-Schaltfläche dauert das Berechnen einen Moment.

5 Falls Ihnen das Ergebnis beispielsweise zu dunkel erscheint, können Sie wie gewohnt manuell – zum Beispiel mit einer *Tonwertkorrektur*-Einstellungsebene – eingreifen.

Ende

Wenn Sie die Funktion *Überarbeiten/Automatische Dunstentfernung* oder das Tastenkürzel [Alt]+[Strg]+[A] aufrufen, wird kein Dialogfeld geöffnet, sondern der Effekt direkt angewendet.

Je nach Größe des Fotos kann das Hineinrechnen des Effekts in das Bild einen Moment dauern.

Tipp   **Hinweis**

152 Formen ausstechen

Start

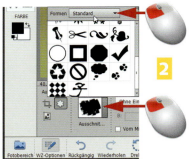

1 Öffnen Sie das Foto, rufen Sie das *Freistellungswerkzeug* aus der Werkzeugleiste auf und wählen Sie in der Optionsleiste das *Ausstecher-Werkzeug*.

2 Klicken Sie im ersten Listenfeld der Optionsleiste auf das *Formen*-Listenfeld, …

3 … um eine Liste mit verschiedenen Form-Bibliotheken zu unterschiedlichen Themenbereichen zu öffnen. Wählen Sie hier die Option *Ausschnittformen* aus.

Fotos müssen nicht immer rechteckig sein. Mit dem *Ausstecher-Werkzeug* haben Sie die Möglichkeit, unregelmäßige Konturen zu erstellen.

Wissen

6 Fotos bearbeiten 153

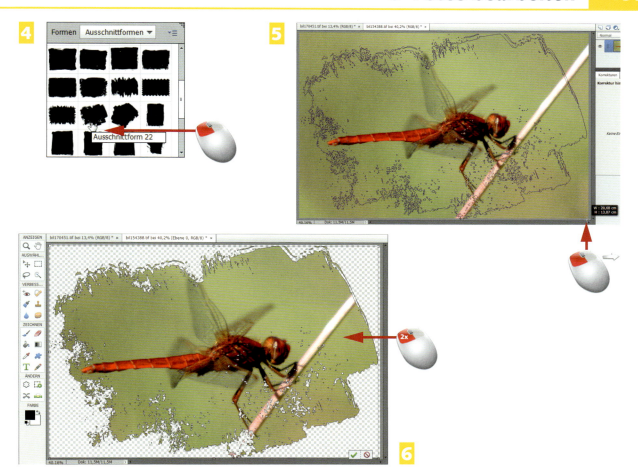

4 Wählen Sie hier eine Form aus.

5 Klicken Sie in das Bild und ziehen Sie die Form mit gedrückter linker Maustaste auf. Eine Vorschaulinie zeigt die Form an.

6 Lassen Sie die linke Maustaste los und klicken Sie doppelt innerhalb der Markierungslinie, um die Form zuzuweisen.

Tipp

Das Karomuster im Hintergrund symbolisiert die transparenten Teile des Bildes.

Hinweis

Es gibt sehr viele unterschiedliche Formen, die Sie zum Ausstechen verwenden können. Durchstöbern Sie doch einmal die verschiedenen Bibliotheken.

154 Bildpartien ausbessern

1. In diesem Ausgangsbild stört der große Fussel links, der durch Schmutz auf dem Sensor der digitalen Kamera entstand.

2. Rufen Sie das *Zoom-Werkzeug* auf und tippen Sie in die Optionsleiste eine Darstellungsgröße von *100%* ein.

3. Rufen Sie aus dem *Fenster*- oder *Mehr*-Menü in der Fußzeile die Option *Navigator* auf, um …

Mit Photoshop Elements haben Sie vielseitige Möglichkeiten zur Bildbearbeitung – bis hin zu komplexen Bildretuschen. So können Sie störende Bildteile leicht entfernen oder austauschen. Wenn Sie wollen, können Sie Personen an andere Orte „verfrachten". Vielleicht wollten Sie ja schon immer einmal nach Hawaii. Mit Photoshop Elements ist das kein Problem.

Wissen

6 Fotos bearbeiten 155

4 … dieses nützliche Palettenfenster zu öffnen. Ziehen Sie den roten Rahmen im *Navigator*-Palettenfenster auf den Bildausschnitt, der angezeigt werden soll.

5 Ziehen Sie die Registerkarte mit gedrückter linker Maustaste in den Palettenraum, wenn das Palettenfenster keinen Platz im Arbeitsbereich in Anspruch nehmen soll.

6 Nach der Auswahl des neuen Bildausschnitts ist der zu korrigierende Bildbereich zu sehen.

Ende

Bildkorrekturen führen Sie am besten in der Originalansichtsgröße oder einer vergrößerten Darstellung durch, damit die Details gut zu erkennen sind.	Die Darstellungsgröße von 100 % erreichen Sie auch, wenn Sie doppelt auf das *Zoom-Werkzeug* in der Werkzeugleiste klicken.	Sie können den Bildausschnitt alternativ auch durch Verziehen des vertikalen und horizontalen Scrollbalkens verändern.
Tipp	**Tipp**	**Hinweis**

Korrekturen mit dem Kopierstempel

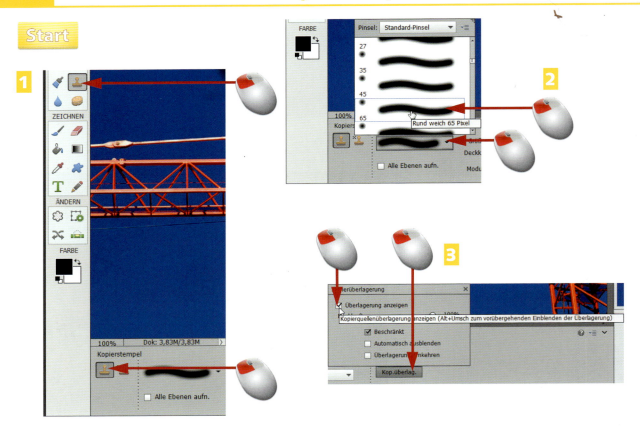

1. Rufen Sie aus der Werkzeugleiste das *Kopierstempel-Werkzeug* auf und stellen Sie in der Optionsleiste den *Kopierstempel* ein.

2. Verwenden Sie eine Malspitze mit einem weichen Rand, damit die Retusche nicht auffällt.

3. Mit einem Klick auf die Schaltfläche *Kop. überlag.* legen Sie fest, ob die Überlagerung angezeigt werden soll. Aktivieren Sie diese Option.

Der *Kopierstempel* und der *Bereichsreparatur-Pinsel* arbeiten fast identisch. Beim *Kopierstempel* werden allerdings die Originalpartien 1:1 übertragen. Der *Bereichsreparatur-Pinsel* berücksichtigt dagegen auch die Strukturen der ausgebesserten Stelle. Beide Werkzeuge lassen sich beispielsweise nutzen, um Fussel oder andere „Unreinheiten" im Bild zu korrigieren.

Wissen

6 Fotos bearbeiten   157

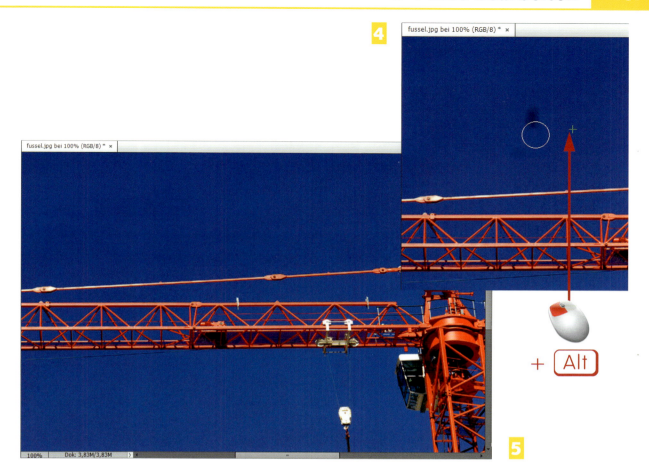

4 Klicken Sie mit gedrückter (Alt)-Taste auf eine Stelle knapp neben dem zu retuschierenden Fussel. Nach dem Loslassen der (Alt)-Taste übermalen Sie den Fussel. Um einen neuen Ursprungspunkt zu setzen, drücken Sie erneut die (Alt)-Taste und klicken auf den neuen Ursprungspunkt.

5 Ein klein wenig Fleiß ist dabei nötig – dafür sieht das Foto anschließend besser und „professioneller" aus.

Ende

Es ist völlig normal, dass Sie während der Korrektur häufiger einen neuen Ursprungspunkt aufnehmen.	Prinzipiell ist es egal, ob Sie die Fehler „zutupfen" oder mit gedrückter linker Maustaste „übermalen". Oft ist das Zutupfen aber praktischer, da das Arbeiten mit der Maus nicht einfach ist.	Sie müssen von Fall zu Fall entscheiden, ob der *Bereichsreparatur-Pinsel* oder der *Kopierstempel* besser zur Korrektur geeignet ist.
Tipp	**Tipp**	**Hinweis**

Bildrauschen entfernen

Start

1 Dieses Foto wurde mit einer etwas älteren Kamera mit ISO 1600 aufgenommen und zeigt daher ein unschönes Bildrauschen.

2 Damit Sie das Rauschen sehen können, sollten Sie eine Darstellungsgröße von mindestens 100 % wählen. Bei kleineren Darstellungsgrößen lässt sich das Bildrauschen nicht korrekt beurteilen.

Wenn Sie Fotos mit höheren Empfindlichkeiten aufnehmen, wird Ihnen das sogenannte Bildrauschen begegnen. Das lässt sich nicht vermeiden. Elements bietet aber Funktionen an, um diesen störenden Effekt zu mindern.

Wissen

6 Fotos bearbeiten   159

3 Bei der Funktion *Filter/Rauschfilter/Rauschen entfernen* gibt es keinerlei zusätzliche Optionen. Der Effekt wird direkt auf das Bild angewendet.

4 Daher ist die Funktion *Filter/Rauschfilter/Rauschen reduzieren* die geeignetere Variante.

5 In diesem Dialogfeld werden diverse Optionen zur Rauschreduzierung bereitgestellt.

Ende

Als **Bildrauschen** bezeichnet man Bildstörungen, durch die Details des Fotos verloren gehen. An diesen Stellen haben die Pixel nicht die Farbe der benachbarten Pixel.

Das Bildrauschen lässt sich nachträglich nur mindern – nicht entfernen. Beachten Sie auch, dass die Ergebnisse etwas „weichgezeichnet" erscheinen. Das lässt sich nicht vermeiden.

Fachwort   **Hinweis**

160 Den Smartpinsel verwenden

Start

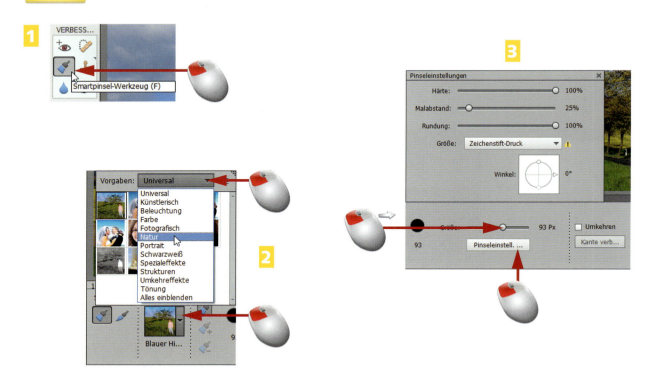

1. Rufen Sie aus dem abgebildeten Flyout-Menü der Werkzeugleiste das *Smartpinsel-Werkzeug* auf.

2. In dem Listenfeld des Fensters finden Sie diverse Optionen zu unterschiedlichen Themenbereichen. Alle sind mit Vorschaubildern gekennzeichnet.

3. Nutzen Sie den Schieberegler für die Pinselgröße. Klicken Sie auf die *Pinseleinstell.*-Schaltfläche, um die Optionen der Pinselspitze festzulegen.

Mit dem *Smartpinsel-Werkzeug* bietet Photoshop Elements ein sehr flexibles Werkzeug an, um Fotos umfangreich zu optimieren. So lassen sich zum Beispiel bei Porträts schnell die Zähne weißer machen oder der Lippenstift auffrischen. Bei Landschaftsaufnahmen lässt sich beispielsweise der Himmel in einem kräftigeren Blau gestalten.

Wissen

6 Fotos bearbeiten   161

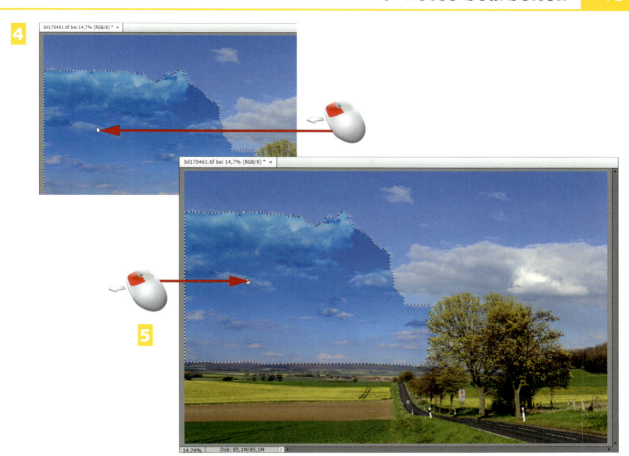

4 Klicken Sie nach der Auswahl der Option *Blauer Himmel* auf eine Stelle des Himmels und ziehen Sie dann mit der Maustaste ...

5 ... über den zu optimierenden Himmelsbereich. Elements erkennt dabei automatisch die Himmelsfläche. Das erkennen Sie an der gestrichelten Linie. Ziehen Sie den Mauszeiger so weit, bis der ...

Das Fenster zur Auswahl des gewünschten Effekts können Sie an der oberen rechten Ecke skalieren.	Klicken Sie doppelt auf die Einstellungsebene, um deren Einstellungen zu ändern.	Um die Korrekturen durchzuführen, nutzt Elements Automatisierungen. So wird automatisch eine maskierte Einstellungsebene für die Korrekturen verwendet.
Hinweis	**Hinweis**	**Hinweis**

162 Den Smartpinsel verwenden

6 ... komplette Himmel erfasst ist. Nach dem Loslassen der linken Maustaste erstellt Photoshop Elements einen Auswahlbereich, der den Himmel enthält. Sie sehen im Bild die Auswahlmarkierungslinie rund um den Himmelsbereich.

7 Im *Ebenen*-Palettenfenster sehen Sie die automatisch erstellte neue Einstellungsebene mit der dazugehörenden Ebenenmaske.

Im Prinzip arbeitet Photoshop Elements bei der Smartpinsel-Option lediglich verschiedene Aufgabenstellungen automatisch ab. So erstellt Elements automatisch eine Einstellungsebene und versieht sie mit geeigneten Werten, die allerdings nachträglich verändert werden können.

Wissen

6 Fotos bearbeiten 163

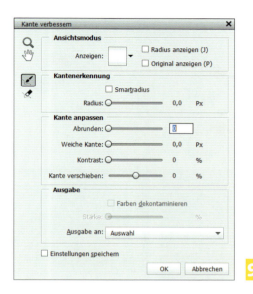

8 Rufen Sie in der Optionsleiste die Option *Kante verbessern* auf, wenn Sie den Auswahlbereich verfeinern wollen.

9 Im Dialogfeld lassen sich diverse Parameter anpassen. Der Bereich kann zum Beispiel abgerundet oder in der Größe verändert werden und eine weiche Kante erhalten.

10 Nach dem Doppelklicken der Einstellungsebene im *Ebenen*-Palettenfenster werden in diesem Dialogfeld die Optionen angepasst.

Ende

Im *Ebenen*-Palettenfenster können Sie die automatisch erstellte Einstellungsebene ein- oder ausblenden oder Korrekturen an der Effektstärke vornehmen.

Klicken Sie den Markierungspunkt im Bild mit der rechten Maustaste an, um in einem gesonderten Menü die verfügbaren Optionen anzuzeigen.

Hinweis   **Hinweis**

Szenenbereinigung

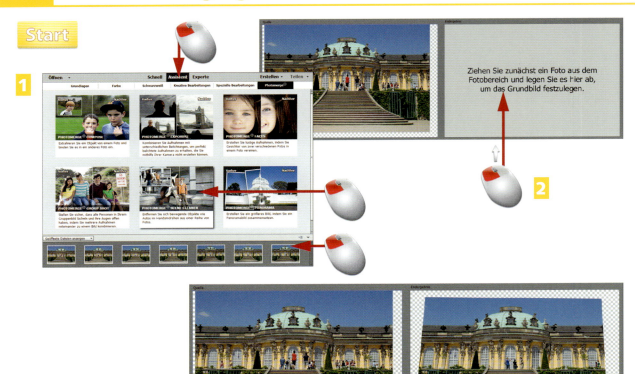

1. Ziehen Sie die zusammenzusetzenden Fotos in den Fotobereich und markieren Sie sie. Rufen Sie im *Assistent*-Bereich in der *Photomerge*-Rubrik die Option *Scene Cleaner* auf.

2. Bestimmen Sie zunächst, welches der Fotos als Grundbild dienen soll. Ziehen Sie es aus dem Projektbereich in das rechte Fenster.

3. Markieren Sie im Projektbereich nun das Foto, von dem Bildteile in das Grundbild übertragen werden sollen.

> Vielleicht kennen Sie das ja: Sie möchten ein berühmtes Bauwerk fotografieren – aber ständig laufen Besucher durch das Bild. Mit der Szenenbereinigung-Funktion können Sie dieses Manko beheben, wenn Sie ausreichend viele Fotos geschossen haben.

Wissen

6 Fotos bearbeiten 165

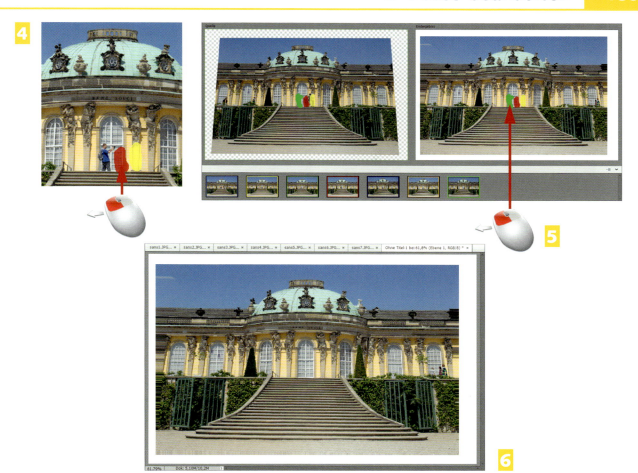

4 Jedes Foto ist mit einer farbigen Markierung versehen. Die entsprechende Markierung wird auch beim Übermalen angezeigt. Bearbeiten Sie nun die Bilder …

5 … der Reihe nach, bis alle störenden Bildteile entfernt sind. Mit der *Fertig*-Schaltfläche im rechten Erläuterungsbereich …

6 … wird das Ergebnis aus den verschiedenen Fotos zusammengestellt. Speichern Sie das Ergebnis im *Experte*-Bereich als eigenständige Datei.

Damit die Funktion einwandfrei arbeiten kann, müssen Sie so viele Fotos geschossen haben, dass sich die neuen Bereiche erstellen lassen.	Stellen Sie die Darstellungsgröße 100 % ein, um exakt arbeiten zu können, und wählen Sie in der Optionsleiste eine nicht allzu große Pinselgröße aus.	Im Arbeitsbereich stehen rechts ausführliche Erläuterungen für die nötigen Arbeitsschritte. Hier wählen Sie auch, ob Bildpartien kopiert oder entfernt werden sollen – dazu dient die Radiergummi-Option.
Hinweis	**Tipp**	**Hinweis**

166 Panoramabilder erstellen

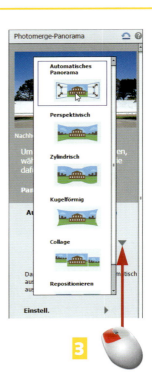

1 Öffnen Sie die Fotos im Editor, die Sie zusammenfügen wollen. Rufen Sie im *Assistent*-Bereich die Funktion *Photomerge-Panorama* auf.

2 Sie finden dann im rechten Bereich diese Ansicht mit verschiedenen Informationen zur weiteren Vorgehensweise vor.

3 Geben Sie vor, auf welche Art und Weise die Bilder zusammenmontiert werden sollen. Symbole zeigen die Funktionsweise an.

Panorama-Aufnahmen sind bei vielen Hobbyfotografen sehr beliebt. Auch bei dieser Thematik bietet Elements eine Hilfestellung an. Mit der Panorama-Funktion lassen sich mehrere Bilder schnell zu einem einzigen Bild zusammenfügen.

Wissen

6 Fotos bearbeiten 167

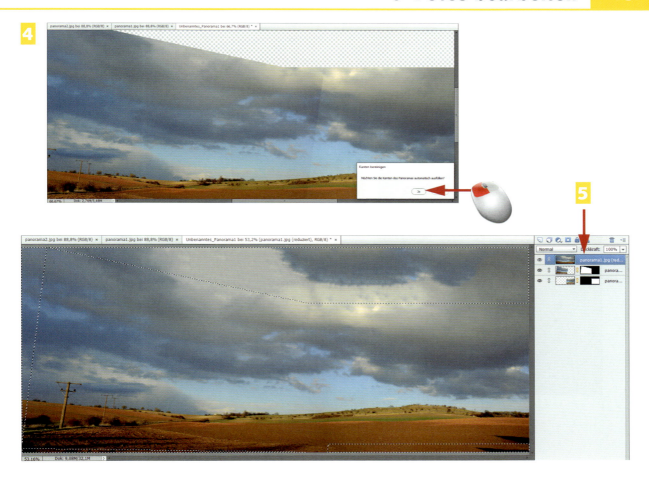

4 Beim Zusammenfügen können leere Bereiche im Bild entstehen, die Sie nach dem Bestätigen der Abfrage automatisch mit Inhalten füllen können. Das Zusammenrechnen der Bilder dauert etwas.

5 Im Beispiel kam dieses (automatisch gefüllte) Ergebnis heraus. Im *Ebenen*-Bedienfeld sehen Sie die Zusammensetzung, die aus mehreren Ebenen besteht.

Ende

Achten Sie bereits bei der Aufnahme darauf, dass die Fotos nachträglich zusammengeführt werden können – der überlappende Bereich muss ausreichend groß gewählt werden.	Ob das automatische Füllen der leeren Bereiche zu einem befriedigenden Ergebnis führt, hängt ein wenig vom Ausgangsbild ab.	Das geeignete Layout wird ein wenig davon beeinflusst, wie die Panorama-Aufnahmen fotografiert wurden.
Tipp	**Hinweis**	**Hinweis**

Den Dynamikbereich erhöhen

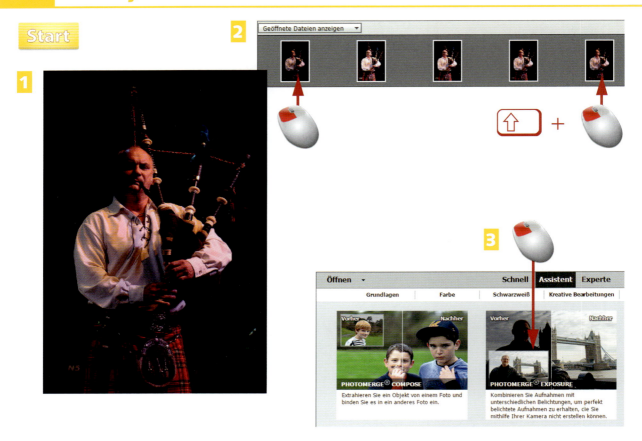

1 Von dieser Aufnahme, die verbessert werden soll, existieren fünf verschiedene Bilder mit unterschiedlichen Belichtungen.

2 Öffnen Sie die Bilder im Fotoeditor und markieren Sie mit gedrückter ⇧-Taste alle Fotos im Projektbereich. Die markierten Bilder werden mit einem weißen Rahmen gekennzeichnet.

3 Rufen Sie die Funktion *Photomerge-Exposure* auf.

> Die passende Belichtung stellt bei der Fotografie grundsätzlich einen Kompromiss dar. Alle hellen und dunklen Bildteile können nicht gleichzeitig perfekt belichtet werden. Wenn Sie beim Fotografieren Bilder mit unterschiedlichen Belichtungen aufnehmen, lassen sich diese mithilfe von Elements zu einem Bild zusammenfügen.

Wissen

6 Fotos bearbeiten 169

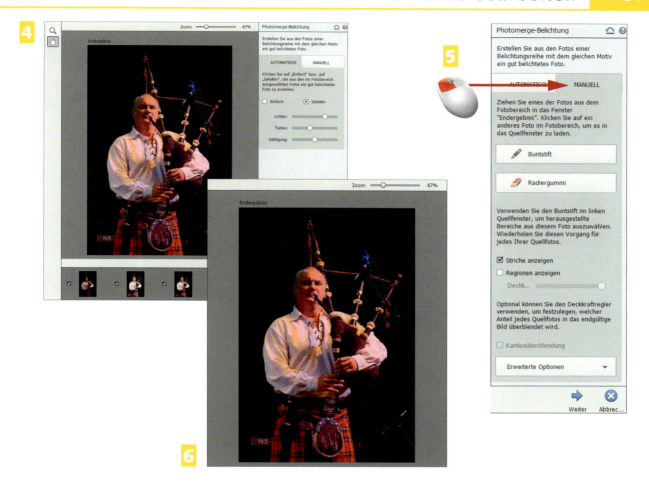

4 Elements montiert die Bilder nun automatisch zu einem in allen Bildteilen optimal belichteten Foto zusammen.

5 Wenn Sie das *Manuell*-Register anklicken, können Sie auch Einfluss auf die Zusammenstellung nehmen. Die Partien werden dann mit dem Pinsel herausgearbeitet.

6 Im automatischen Modus kam dieses Ergebnis heraus.

Mit **Dynamikumfang** meint man, wie viele Helligkeitsabstufungen in einem Foto wiedergegeben werden.

Mit den Haken-Symbolen links neben den Vorschaubildern im Projektbereich legen Sie fest, welche Bilder zum Berechnen einbezogen werden sollen.

Fachwort

Hinweis

170 Kameraverzerrungen ausgleichen

Start

1 Öffnen Sie das zu bearbeitende Foto im Editor. Bei diesem Ausgangsfoto sollen Bildfehler behoben werden, die bei der Aufnahme entstanden sind.

2 Rufen Sie dazu die Funktion *Filter/Kameraverzerrung korrigieren* auf.

3 Die verfügbaren Optionen werden in einem aufwendigen gesonderten Arbeitsfenster bereitgestellt. Um eine Orientierung bei der Korrektur zu erhalten, sollten Sie im Bereich unten die Option *Raster einblenden* aktivieren.

Photoshop Elements bietet im *Filter*-Menü mit der Funktion *Kameraverzerrung korrigieren* auch eine Option an, um die unschönen Stellen zu korrigieren, die durch Objektivfehler entstehen können.

Wissen

6 Fotos bearbeiten 171

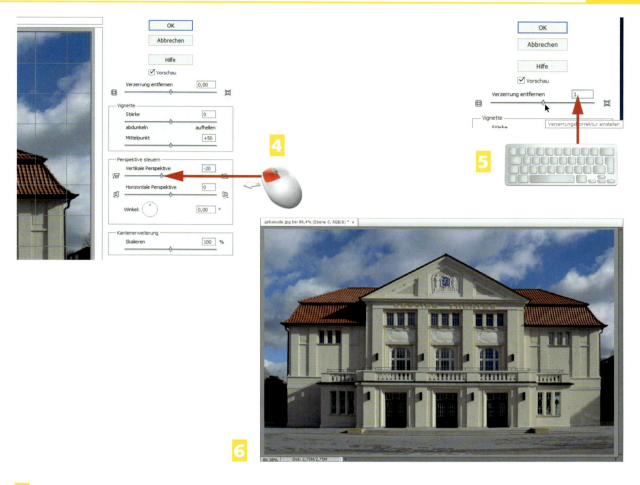

4 Im rechten Bereich des Dialogfelds werden die unterschiedlichen Korrekturmöglichkeiten bereitgestellt. Neben der Korrektur der vertikalen Perspektive ...

5 ... können Sie hier auch die tonnen- oder kissenförmige Verzeichnung des Bildes korrigieren.

6 So entsteht dieses verbesserte Ergebnis.

Hinweis

Sind nur perspektivische Verzerrungen im Bild vorhanden, können Sie diese auch allein mit der Funktion *Bild/Transformieren/Frei transformieren* beheben.

Hinweis

Dass gewisse Objektivkorrekturen bei digitalen Fotos notwendig sind, ist völlig normal – das ist physikalisch bedingt.

172 Mehrere Bilder bearbeiten

Start

1

2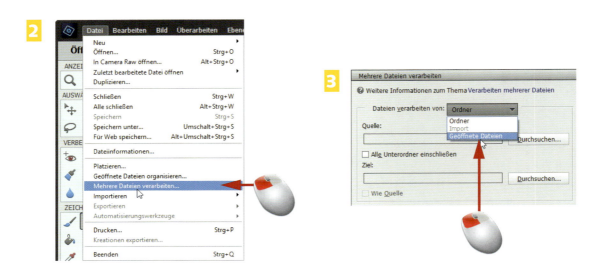

3

1 Ziehen Sie zum Beispiel alle Fotos, die Sie bearbeiten wollen, per Drag-and-drop aus dem Katalog in den Projektbereich des Editors.

2 Rufen Sie die Funktion *Datei/Mehrere Dateien verarbeiten* auf.

3 Stellen Sie im Listenfeld *Dateien verarbeiten von:* die Option *Geöffnete Dateien* ein.

Bei digitalen Fotos sind oft immer dieselben Arbeitsschritte zur Bildoptimierung nötig. Um Arbeitszeit zu sparen, bietet Photoshop Elements Funktionen zur automatischen Korrektur mehrerer Bilder an.

Wissen

6 Fotos bearbeiten 173

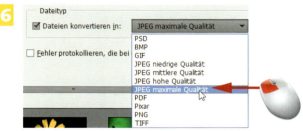

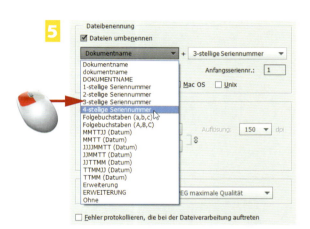

4 Im rechten Bereich des Dialogfelds stellen Sie die Optimierungen ein. Wählen Sie hier die Option *Auto-Tonwertkorrektur*, um den Kontrast und die Farben zu optimieren.

5 Im Bereich *Dateibenennung* wird der neue Name der Datei aus zwei Teilen zusammengesetzt. Hier stehen im Listenfeld diverse Optionen zur Verfügung.

6 Im *Dateityp*-Bereich geben Sie neben dem Dateityp auch den Komprimierungsgrad an.

Ende

Tipp

In vielen Fällen erreichen Sie mit den automatischen Korrekturen gute Ergebnisse.

Hinweis

Das Neubenennen von Dateien ist sinnvoll. So könnten Sie beispielsweise alle Ihre digitalen Fotos fortlaufend durchnummerieren.

Fotokreationen erstellen

7

Die Fotokreationen öffnen

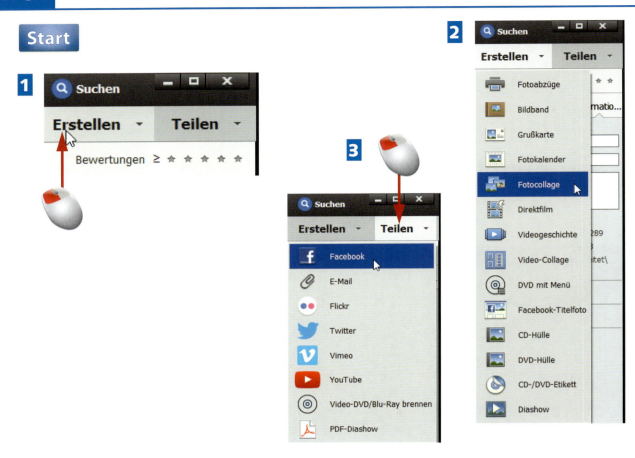

1. Klicken Sie im Photoshop-Album oben rechts auf die Registerkarte *Erstellen*, um die Projekte für die Fotokreationen zu öffnen.

2. Sie sehen dann Schaltflächen zu den unterschiedlichsten Themenbereichen, um die Fotos effektvoll zusammenzustellen.

3. Über das *Teilen*-Register erreichen Sie diese Optionen, die es Ihnen ermöglichen, Ihre Bilder beispielsweise in Ihren sozialen Netzwerken weiterzugeben.

Wenn Sie „mehr" aus Ihren Fotos machen wollen, sind die Fotokreationen genau die richtige Wahl. Hier gibt es interessante Optionen zur Präsentation Ihrer Fotos. Egal, ob Sie eine Diashow am Fernsehbildschirm oder im Web vorführen wollen – alle Varianten werden unterstützt. Sogar individuelle Grußkarten oder Wandkalender lassen sich gestalten.

Wissen

7 Fotokreationen erstellen 177

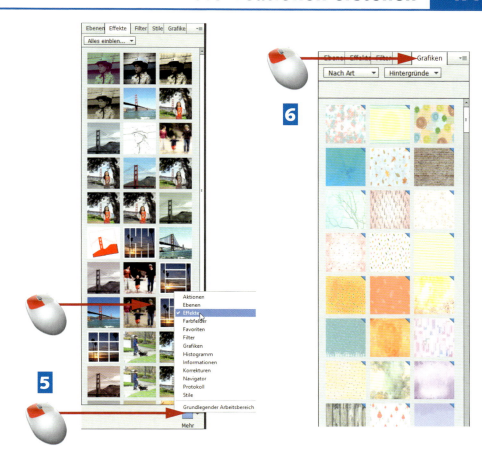

4 Im *Fotoeditor* erreichen Sie die Kreationen ebenfalls über die *Erstellen*-Schaltfläche. Hier fehlen aber drei Optionen in der Liste, für die Premiere Elements benötigt wird.

5 Öffnen Sie über die *Mehr*-Schaltfläche das *Effekte*-Bedienfeld mit vielen Bildeffekten, die Sie auch gut für Kreationen nutzen können.

6 Im *Grafiken*-Register finden Sie beispielsweise unterschiedliche Hintergründe.

Ende

Oft wirken die Fotos in den Kreationen erst durch die Zusammenstellung richtig schön – sie werden damit aufgewertet.

Photoshop Elements bietet sehr viele Vorlagen, die thematisch sortiert sind. So finden Sie zu allen gängigen Themenbereichen die passenden Grafiken.

Hinweis

Tipp

178 Das Album vorbereiten

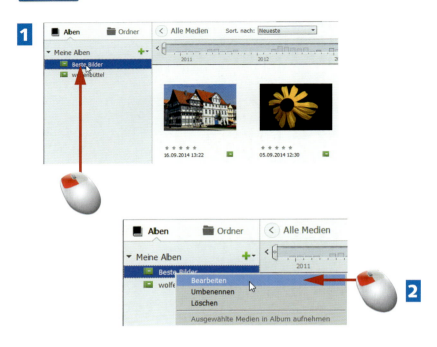

1 Klicken Sie im *Alben*-Bereich auf das Album, das Sie anpassen wollen, um nur noch die Miniaturbilder dieses Albums anzuzeigen.

2 Im Kontextmenü finden Sie zum Beispiel eine Option, um das Album zu bearbeiten. So können Sie beispielsweise …

3 … neue Fotos in das Album aufnehmen.

> Um die Arbeit beim Erstellen von Fotokreationen zu minimieren, sind einige Vorarbeiten im Album sinnvoll. So sollten Sie die Bilder sortieren und mit Bildtiteln versehen.

Wissen

7 Fotokreationen erstellen 179

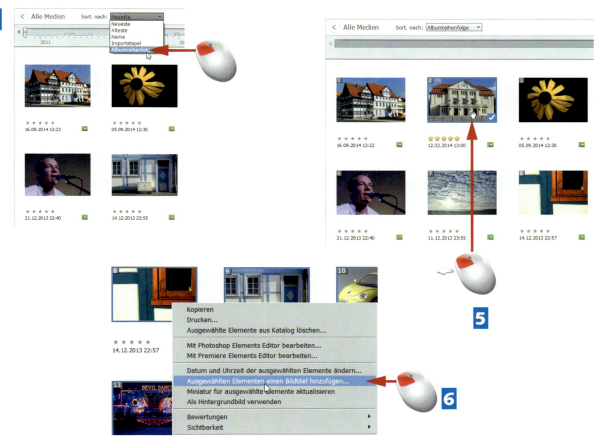

4 Stellen Sie im Listenfeld die Option *Albumreihenfolge* ein, wenn Sie die Bilder …

5 … per Drag-and-drop neu sortieren wollen.

6 Wollen Sie mehreren Bildern einen neuen Namen geben, markieren Sie zunächst alle gewünschten Bilder und rufen dann aus dem Kontextmenü die Funktion *Ausgewählten Elementen einen Bildtitel hinzufügen* auf.

Ende

Tipp	Fachwort	Hinweis
Wollen Sie alle Bilder der Sammlung in einem Rutsch markieren, verwenden Sie die Tastenkombination [Strg]+[A].	**Drag-and-drop** nennt man das „Ziehen & Ablegen" von Objekten. Sie benötigen keine Menüfunktionen – sortieren Sie einfach mit der Maus.	Erstellen Sie später ein Fotoalbum, wird das erste Bild für den Titel verwendet. Das sollten Sie beim Sortieren bedenken.

180 Die Diashow-Option

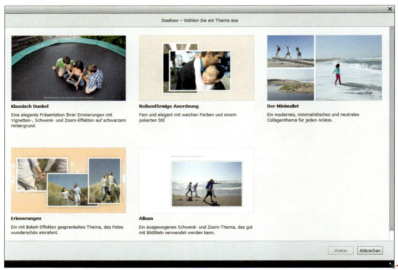

1 Rufen Sie über das *Erstellen*-Menü die Option *Diashow* auf.

2 In einem gesonderten Dialogfeld werden die verschiedenen Arten der Zusammenstellungen angeboten.

3 Sie können das recht große Fenster skalieren, indem Sie mit gedrückter linker Maustaste die Ecke verziehen.

Die Diashow-Option ist eine interessante Variante, um Ihre Fotos vorzuführen. Die Fotos wechseln dabei nach der vorgegebenen Anzeigedauer automatisch. Sie können dabei zwischen diversen Varianten wählen.

Wissen

7 Fotokreationen erstellen 181

 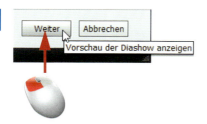 

4 Nutzen Sie die *Weiter*-Schaltfläche, um nach der Auswahl eines Themas die Diashow zu starten.

5 Je nachdem, wie viele Bilder Sie markiert hatten, dauert das Aufbereiten der Bilder einen Moment.

6 Anschließend wird die Diashow gestartet. Sie wird bildschirmfüllend angezeigt. Im Beispiel sehen Sie das Thema *Der Minimalist*.

Ende

Die weiteren Einstellungen der Diashow werden nicht vor dem Start angegeben, sondern nachträglich im Bearbeiten-Modus.

Um die Diashow zu beenden, können Sie einfach die Esc-Taste drücken.

Hinweis   **Hinweis**

182 Die Diashow anpassen

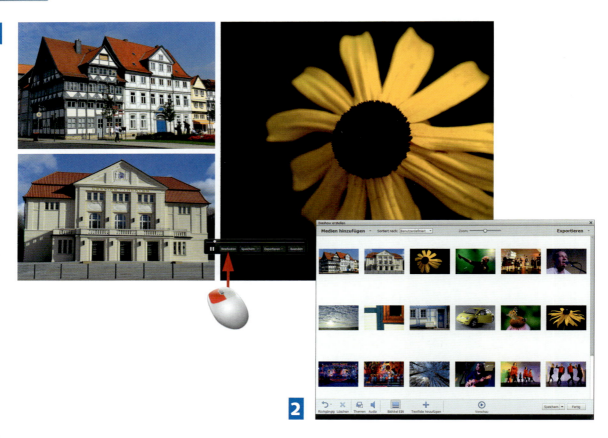

1 Wird der Mauszeiger im Bild bewegt, wird im unteren Bereich eine Leiste eingeblendet. Klicken Sie auf die *Bearbeiten*-Schaltfläche, ...

2 ... um dieses Bearbeitungsfenster zu öffnen. Sie können das Fenster bei Bedarf an den Kanten skalieren.

Alben zusammenzustellen – wie Sie es in Kapitel 3 kennengelernt haben – lohnt sich. So können Sie anschließend sehr leicht Diashows aus diesen Alben erstellen, ohne dass Sie erst die Fotos zusammensuchen müssen.

Wissen

7 Fotokreationen erstellen 183

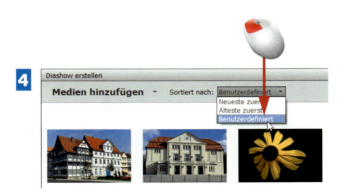

3 Klicken Sie auf die Schaltfläche *Medien hinzufügen*, um neue Fotos in die Diashow aufzunehmen.

4 Im Listenfeld *Sortiert nach* können Sie einstellen, wie die Fotos sortiert werden sollen. Mit der *Benutzerdefiniert*-Option legen Sie die Reihenfolge selbst fest.

5 Klicken Sie auf die *Themen*-Schaltfläche, um das Thema zu ändern. Nach der Auswahl wird das Thema mit der *Anwenden*-Schaltfläche übernommen.

In der Fußzeile des Fensters finden Sie verschiedene Optionen, um die Diashow Ihren Bedürfnissen anzupassen.

Die Diashow wird zunächst mit den Voreinstellungen zusammengefügt. Sie können die Einstellungen aber nachträglich jederzeit verändern.

Hinweis

Hinweis

Die Einstellungen der Diashow verändern

Start

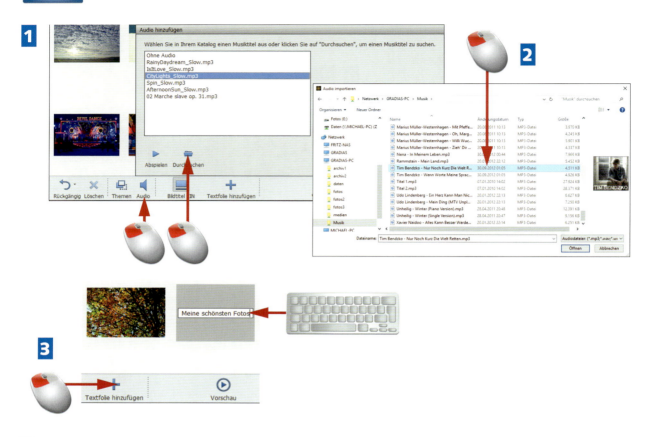

1 Klicken Sie auf die *Audio*-Schaltfläche, um Musikstücke zur Untermalung auszuwählen. Mit der *Durchsuchen*-Schaltfläche können Sie ...

2 ... eine Audiodatei von der Festplatte laden.

3 Rufen Sie die Option *Textfolie hinzufügen* auf, um einen einfachen Text einzufügen, der aber nicht formatiert werden kann. Tippen Sie den Text in das Eingabefeld ein.

Beim Audio-Import unterstützt Photoshop Elements die gängigen Audioformate MP3, WAV, M4A und WMA.

Wissen

7 Fotokreationen erstellen 185

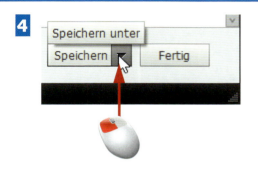

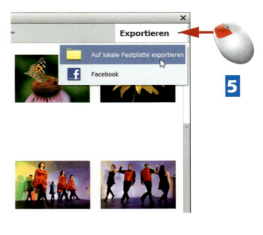

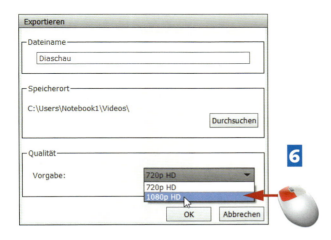

4 Nutzen Sie die *Speichern*-Option, um das Ergebnis im Elements-Format zu sichern.

5 Die *Exportieren*-Option benötigen Sie, um die Diashow beispielsweise auf der Festplatte zu speichern oder in Facebook zu teilen.

6 In diesem Listenfeld wird die Qualität festgelegt.

Ende

Wenn Sie viele Fotos verwenden, können Sie auch mehrere Musikstücke zur Vertonung einsetzen.	Die Textfolien können Sie per Drag-and-drop an die gewünschte Position ziehen.	Ist die Diashow erst einmal zusammengestellt, kann man das Aussehen verfeinern. Fügen Sie beispielsweise Musikstücke hinzu.
Tipp	**Hinweis**	**Hinweis**

Ein Fotoalbum zusammenstellen

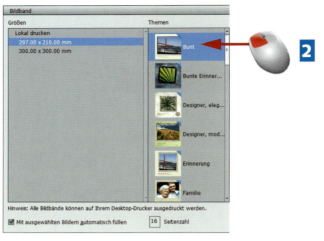

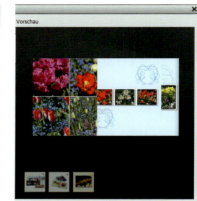

1 Rufen Sie nach der Auswahl der gewünschten Fotos im Album die *Erstellen*-Funktion *Bildband* auf.

2 In dem Dialogfeld, das damit geöffnet wird, können Sie neben der Seitengröße auch eine Vorlage für die Buchgestaltung auswählen. Legen Sie außerdem die Seitenanzahl fest.

3 Im Bereich rechts wird eine animierte Vorschau angezeigt.

Bei einigen Optionen im *Erstellen*-Menü erstellt Elements automatisch eine Photoshop-Datei. Dazu werden verschiedene Arbeitsschritte selbstständig durchgeführt. Dies können Sie am Fortschrittsbalken beobachten.

Wissen

7 Fotokreationen erstellen 187

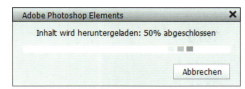

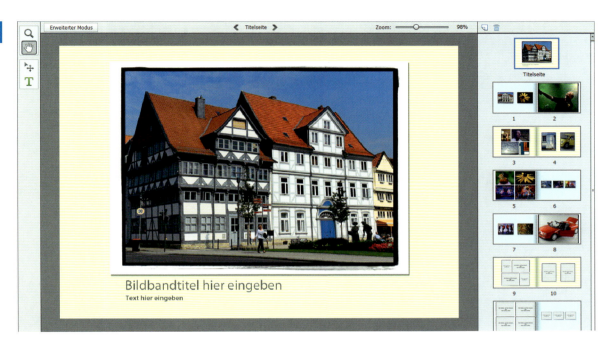

4 Nach dem Bestätigen mit der *OK*-Schaltfläche wird die Vorlage aus dem Internet geladen, was etwas dauern kann.

5 Je nachdem, wie viele Bilder Sie ausgewählt haben, kann das automatische Zusammenstellen einen Moment dauern.

6 Anschließend sehen Sie das Ergebnis der automatischen Zusammenstellung im Arbeitsbereich.

Da am Ende eine Photoshop-Datei entsteht, lässt sich diese mit den Funktionen des Editors nach Ihren Wünschen frei gestalten.	Die Vorlagen werden nach dem Aufruf aus dem Internet heruntergeladen und auf dem Rechner gespeichert. Daher müssen Sie beim ersten Einsatz online sein, um die Vorlagen nutzen zu können.	Falls Sie die Fotos nicht im Vorfeld sortiert haben, können Sie dies beim Zusammenstellen des Albums nachholen.
Tipp	**Hinweis**	**Hinweis**

188 Ein Fotoalbum zusammenstellen

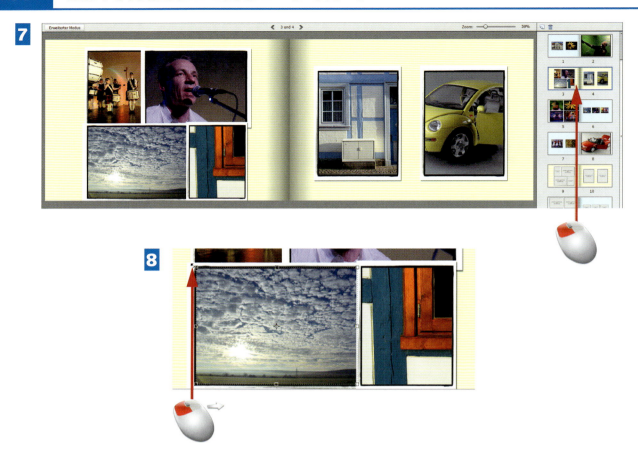

7 Wählen Sie durch Anklicken im rechten Bereich eine Seite zur Bearbeitung aus. Alle Seiten des Buches werden hier mit einem Vorschaubild angezeigt.

8 Wenn in der Werkzeugleiste das *Verschieben-Werkzeug* ausgewählt wurde, können Sie die Bilder nach dem Anklicken verschieben oder sie an den Eckmarkierungspunkten skalieren.

Photoshop Elements bietet Hilfestellungen an, damit die automatisch generierten Dokumente leicht angepasst werden können. So lassen sich Fotos beispielsweise schnell austauschen, verschieben oder skalieren.

Wissen

7 Fotokreationen erstellen

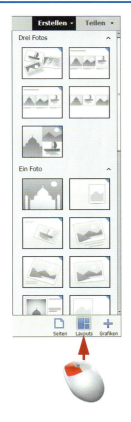

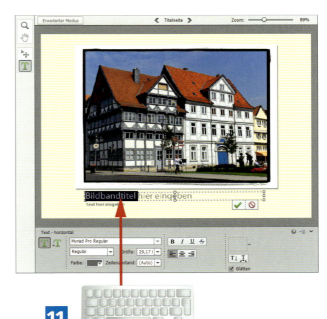

9 Im rechten Teil des Arbeitsbereichs sind unterschiedliche Rubriken, um das Layout …

10 … oder auch die vorgeschlagenen Hintergrundmuster auszutauschen. Die Zuweisung erfolgt einfach per Drag-and-drop.

11 Wenn Texte ausgetauscht werden sollen, müssen sie zuvor markiert werden. Im Textbereich finden Sie Vorlagen, die Sie direkt anwenden können.

Ende

Hinweis

Zum Abschluss muss das Dokument mit der Option *Datei/Speichern* gesichert werden. Verwenden Sie als Dateiformat das Fotokreationsformat PSE.

Hinweis

Um das Foto zu verschieben, klicken Sie in das Foto und verschieben es mit gedrückter linker Maustaste an die gewünschte neue Position.

Optionen für die Bildbanderstellung

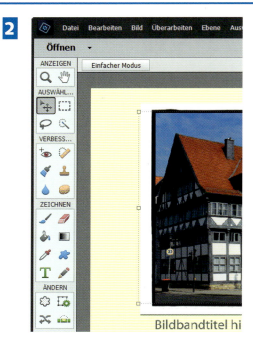

1 Mit der Schaltfläche *Erweiterter Modus* haben Sie die Möglichkeit, …

2 … die komplette Werkzeugleiste einzublenden, die Sie bereits aus dem *Experte*-Modus kennen.

3 Verwenden Sie die Schaltfläche *WZ-Optionen*, um die Optionen für das aufgerufene Werkzeug anzuzeigen.

Elements stellt verschiedene Optionen bereit, um das Aussehen Ihres Bildbandes zu beeinflussen und das Ergebnis erfolgreich zu speichern.

Wissen

7 Fotokreationen erstellen 191

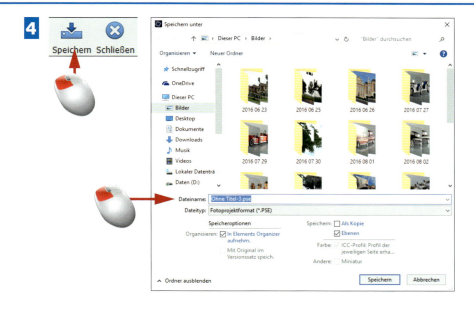

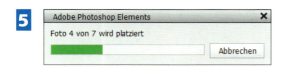

4 Nutzen Sie die *Speichern*-Schaltfläche in der Fußzeile des Arbeitsfensters, um die Datei im PSE-Format zu speichern.

5 Das Speichern kann – je nach Anzahl der verwendeten Fotos und Bildbandseiten – einen Moment dauern.

6 Um den Arbeitsbereich zu beenden und zum Fotoeditor zurückzukehren, verwenden Sie die *Schließen*-Schaltfläche.

Ende

Je nachdem, wie viele Fotos Sie in den Bildband aufgenommen haben, kann das Speichern des Buches eine ganze Weile dauern.

Das PSE-Format können Sie auch nutzen, wenn Sie das „große" Photoshop verwenden sollten. Es kann diese Dateien auch lesen.

Hinweis

Tipp

Bilder für Facebook nutzen

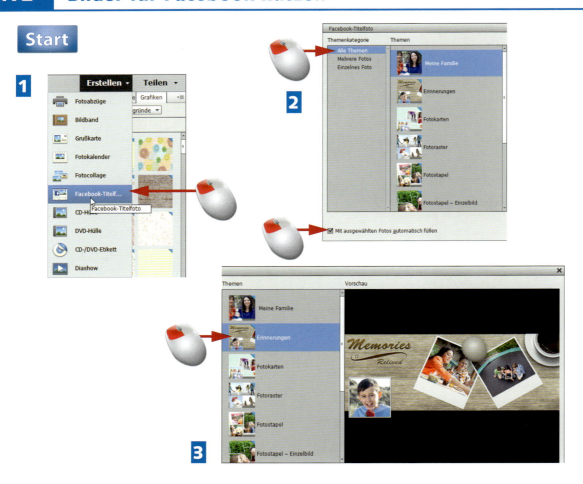

1. Öffnen Sie die Bilder, die Sie auf Ihrer Facebook-Seite zeigen wollen, im Fotoeditor. Rufen Sie aus dem *Erstellen*-Menü die Funktion *Facebook-Titelfoto* auf.

2. Wählen Sie aus, welche Themenbereiche angezeigt werden sollen. Aktivieren Sie die Option *Mit ausgewählten Fotos automatisch füllen* in der Fußzeile.

3. Suchen Sie aus der Miniaturbildliste ein Thema aus. Im rechten Bereich sehen Sie eine Vorschau.

Photoshop Elements geht natürlich auch mit der Zeit. So können Sie auch Ihr Facebook-Titelbild im Fotoeditor gestalten und Ihren Bedürfnissen anpassen.

Wissen

7 Fotokreationen erstellen

4 Nach dem Bestätigen mit der *OK*-Schaltfläche stellt der Fotoeditor die Bilder zusammen, was einen Moment dauert. Sie sehen dann diese Ansicht.

5 Bei Bedarf lassen sich Bilder per Drag-and-drop austauschen. Um das neu platzierte Foto innerhalb des Rahmens zu verschieben, klicken Sie in den Rahmen.

6 Mit der *Hochladen*-Schaltfläche können Sie das Ergebnis direkt auf Ihre Facebook-Seite übertragen.

Ende

Hinweis

Elements unterstützt für das Titel- und Profilbild die geeigneten Größen – darum brauchen Sie sich nicht zu kümmern.

Hinweis

Wenn Sie online sind, können Sie das Ergebnis direkt aus dem Fotoeditor zu Ihrer Facebook-Seite übertragen.

194 Fotocollagen erstellen

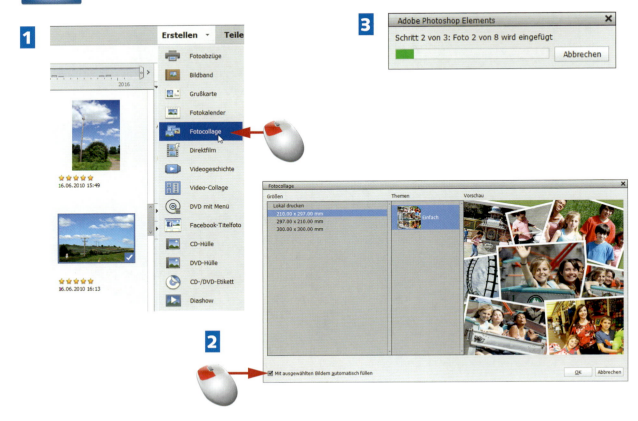

1 Markieren Sie im Organizer die Bilder, die Sie in die Collage aufnehmen wollen, und rufen Sie aus dem *Erstellen*-Menü die Funktion *Fotocollage* auf.

2 Wählen Sie die Seitengröße aus. Um die markierten Bilder zu verarbeiten, muss die Option *Mit ausgewählten Bildern automatisch füllen* in der Fußzeile aktiviert werden.

3 Je nach Bildanzahl und Dateigröße kann das Zusammenstellen einige Zeit dauern.

Mit der Funktion *Fotocollage* haben Sie die Möglichkeit, automatisch verschiedene Fotos auf einer Seite zusammenzustellen. Dabei entsteht eine interessante Wirkung. Daher ist dies eine nützliche Präsentationsart.

Wissen

7 Fotokreationen erstellen 195

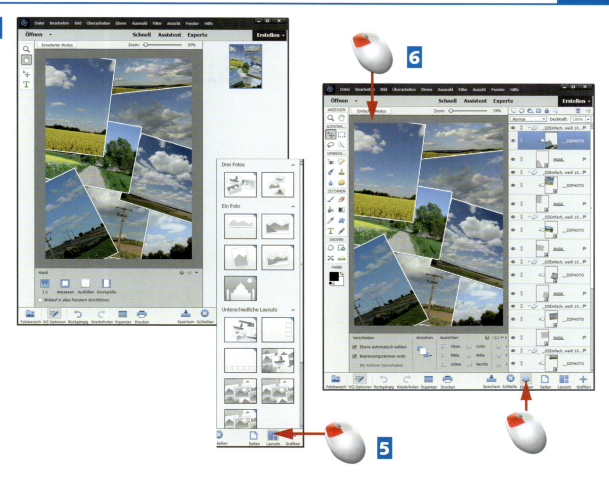

4 Nach dem Zusammenstellen sehen Sie im Fotoeditor diese Ansicht.

5 Klicken Sie auf die *Layouts*-Schaltfläche in der Fußzeile, wenn Sie ein anderes Layout auswählen wollen.

6 Wurde der erweiterte Modus in der Kopfzeile aktiviert, können Sie mit der *Ebenen*-Schaltfläche die Ebenen begutachten, die Elements automatisch erstellt hat. Bei Bedarf können Sie die Ebenenanordnung anpassen.

Ende

Hinweis

In der Layout-Liste finden Sie unterschiedliche Layouts, die auf eine bestimmte Anzahl von Fotos ausgerichtet sind.

Hinweis

Falls Sie zu wenige Bilder für ein Layout geöffnet haben, können Sie weitere Fotos per Drag-and-drop in das Dokument aufnehmen.

Collagen in neuen Dokumenten

8

Eine leere Seite öffnen

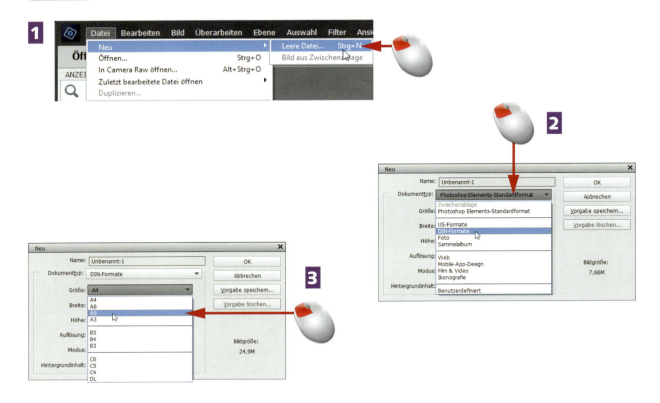

1. Wenn Sie den Editor bereits geöffnet haben, aktivieren Sie die Funktion *Datei/Neu/Leere Datei*.

2. Wählen Sie aus der *Dokumenttyp*-Liste die in Deutschland üblichen *DIN-Formate* aus.

3. Im *Größe*-Listenfeld finden Sie die unterschiedlichen DIN-Formate.

Im *Erstellen*-Bereich finden Sie auch eine Option, um Collagen zu erstellen. Ich möchte Ihnen in diesem Kapitel aber einmal vorstellen, wie Sie solche Aufgabenstellungen manuell erledigen können – so sind Sie bei der Gestaltung flexibler. Wenn Sie Collagen zusammenstellen wollen, benötigen Sie ein leeres Dokument. Dort werden dann die Fotos eingefügt.

Wissen

8 Collagen in neuen Dokumenten 199

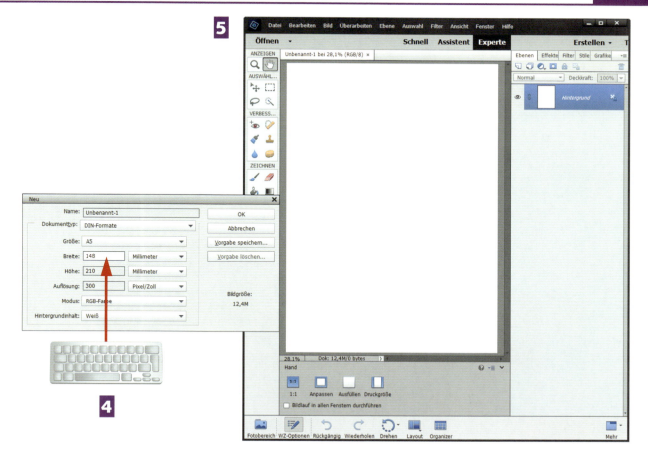

4 Verwenden Sie alternativ die Eingabefelder, um dort eigene Maße einzutippen.

5 Nach dem Bestätigen sehen Sie das neue leere Dokument im Editor. Die Ansichtsgröße wird automatisch so gewählt, dass das gesamte Dokument zu sehen ist.

Ende

Die **Auflösung** bestimmt, aus wie vielen Pixeln das Bild besteht. Je mehr Pixel es sind, umso detailreicher ist das Ergebnis.

Beachten Sie immer den Wert für die Auflösung. 300 Pixel/Zoll ist ein geeigneter Standardwert, wenn Sie das Ergebnis ausdrucken wollen.

Fachwort

Tipp

200 Einen Hintergrund gestalten

Start

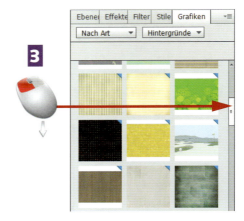

1 Rufen Sie in der Kopf- oder Fußzeile die Option *Grafiken* auf, um dieses Palettenfenster mit vielen Vorlagen zu öffnen.

2 Öffnen Sie dieses Listenfeld, um bestimmte Themenbereiche herauszufiltern. Rufen Sie den *Hintergründe*-Menüpunkt auf.

3 In der Liste unten finden Sie diverse unterschiedliche Hintergründe. Scrollen Sie in der Liste, um eine geeignete Struktur auszusuchen.

Photoshop Elements bietet verschiedene Vorlagen an, um unter anderem Hintergründe zu gestalten. Mit Effektfiltern können Sie selbst weitere Vorlagen erstellen.

Wissen

8 Collagen in neuen Dokumenten 201

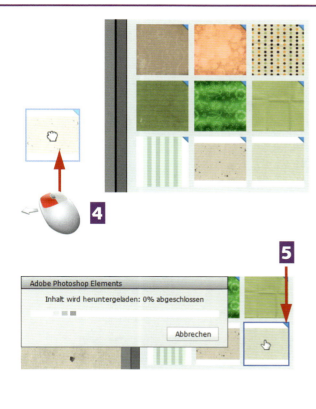

4 Ziehen Sie die gewünschte Struktur per Drag-and-drop in das leere Dokument. Im Beispiel wird die Struktur mit der Bezeichnung *Handgefertigtes Papier 02* verwendet.

5 Wenn Sie in der rechten oberen Ecke des Miniaturbildes ein blaues Dreieck sehen, muss Elements die Vorlage für das erste Anwenden aus dem Internet herunterladen.

6 Photoshop Elements erledigt dann automatisch verschiedene Arbeitsschritte. Anschließend sehen Sie den neuen Hintergrund.

Ende

Am schnellsten stellen Sie die Ansichtsgröße 100 % ein, indem Sie doppelt auf das *Zoom-Werkzeug* klicken.

Jedes Dokument kann aus diversen Ebenen bestehen. Ebenen werden einfach „übereinandergestapelt". So verdecken oben liegende Ebenen Teile der darunter liegenden Ebenen.

Tipp **Hinweis**

202 Eine Collage zusammenstellen

Start

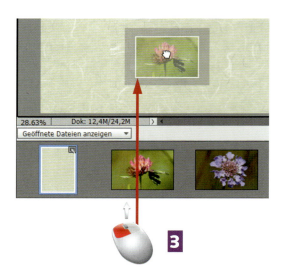

1 Ziehen Sie die Fotos, die Sie in die Collage einfügen wollen, aus dem Organizer in den *Fotobereich* des Fotoeditors.

2 Rufen Sie das *Verschieben-Werkzeug* auf und aktivieren Sie in der Optionsleiste die Einstellung *Ebene automatisch wählen*.

3 Ziehen Sie das Foto nach dem Anklicken einfach per Drag-and-drop in das Sammeldokument.

Mit ein wenig Hintergrundwissen ist es ein Leichtes, eigene Collagen zusammenzustellen. Im Gegensatz zu den Fotokreationen lassen sich hierbei die Ergebnisse völlig frei den eigenen Wünschen anpassen.

Wissen

8 Collagen in neuen Dokumenten 203

4 Verwenden Sie die Tastenkombination [Strg]+[T], um die Ebene zu transformieren. Tippen Sie die neue Größe in die Eingabefelder in der Optionsleiste ein.

5 Verfahren Sie mit den beiden anderen Fotos ebenso. Schieben Sie die Ebenen per Drag-and-drop an die gewünschten Positionen.

6 Im *Ebenen*-Palettenfenster sehen Sie dann die neu eingefügten Ebenen.

Ende

Aktivieren Sie beim Transformieren in der Optionsleiste die Option *Proportionen beibehalten*, um das Seitenverhältnis bei der Skalierung zu erhalten.

Die Ebenen lassen sich einfach per Drag-and-drop an neue Positionen verschieben.

Tipp

Hinweis

Ebenenstile zuweisen

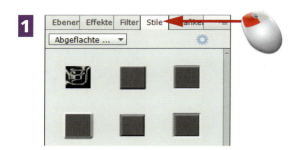

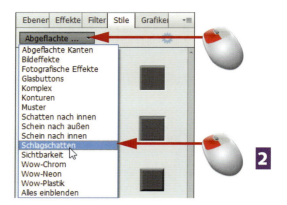

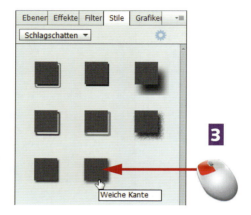

1. Rufen Sie in der Kopfzeile die Registerkarte *Stile* auf.

2. Im Listenfeld finden Sie diverse Themenbereiche, für die Ebenenstile verfügbar sind. Wählen Sie hier die Option *Schlagschatten*.

3. Wählen Sie den Schatten mit der Bezeichnung *Weiche Kante* aus. Ziehen Sie diesen Effekt einfach auf die betreffende Ebene.

Wenn Sie mit Ebenen arbeiten, haben Sie den Vorteil, dass Ebenenstile eingesetzt werden können. Die vielen Vorlagen, die Photoshop Elements dazu anbietet, verführen zum „Herumexperimentieren".

Wissen

8 Collagen in neuen Dokumenten   205

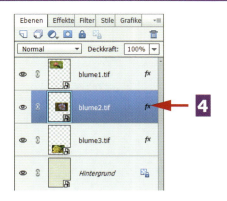

4 Im *Ebenen*-Palettenfenster erkennen Sie an dem Symbol rechts, dass Ebenenstile eingesetzt wurden.

5 Mit einem Doppelklick auf das Effektsymbol im *Ebenen*-Palettenfenster wird ein Dialogfeld geöffnet, in dem Sie die Effekteinstellungen verändern können.

6 Nachdem der Ebenenstil auf alle drei Ebenen angewendet wurde, erhalten Sie das gezeigte Ergebnis.

Ende

Im *Stileinstellungen*-Dialogfeld können Sie auch zusätzliche Effekte einstellen, wie etwa einen Schein nach außen.

Die vorgegebenen Effekte sind nicht starr – sie lassen sich nachträglich verändern.

Hinweis   **Hinweis**

Bildteile auswählen

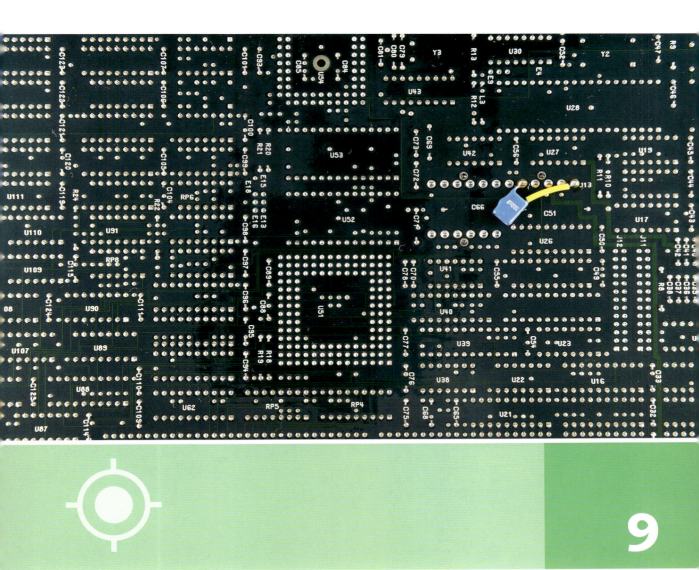

9

208 Einen rechteckigen Bereich auswählen

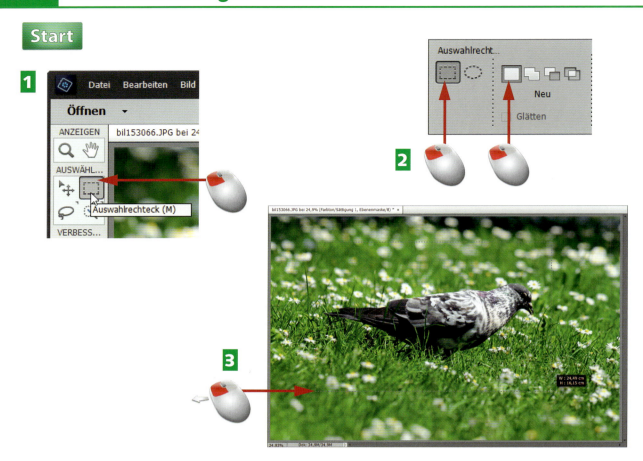

1 Rufen Sie das *Auswahlrechteck* in der Werkzeugleiste auf.

2 Stellen Sie in der Optionsleiste ein, ob Sie einen neuen Auswahlbereich erstellen oder eine bestehende Auswahl verändern wollen.

3 Ziehen Sie mit gedrückter linker Maustaste einen Auswahlrahmen auf. Eine gestrichelte Linie zeigt die Auswahl an.

Bisher wurde überwiegend das gesamte Bild bearbeitet. Dies muss aber nicht so sein. Photoshop Elements bietet verschiedene Werkzeuge an, um Teile eines Bildes auszuwählen, die dann getrennt vom restlichen Bild bearbeitet werden.

Wissen

9 Bildteile auswählen 209

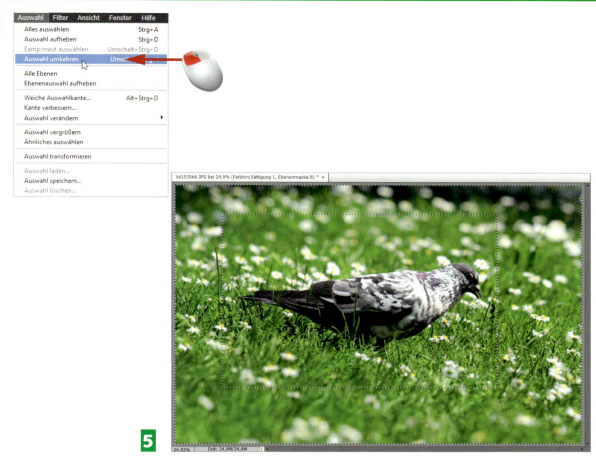

4 Rufen Sie die Funktion *Auswahl/Auswahl umkehren* auf, …

5 … damit der zuvor nicht ausgewählte Bereich markiert wird.

Ende

Tipp

Zum Umkehren der Auswahl können Sie auch die Tastenkombination ⇧+Strg+I verwenden.

Hinweis

Die Auswahl muss nicht unbedingt „scharfkantig" sein. Über das Eingabefeld *Weiche Kante* in der Optionsleiste lässt sich angeben, wie weich die Auswahlkante sein soll.

210 Einen Effektfilter anwenden

Start

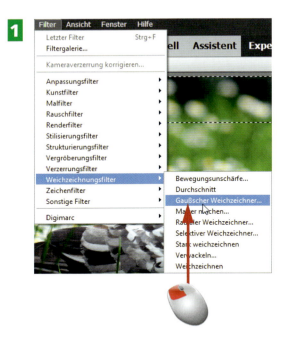

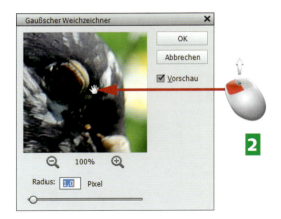

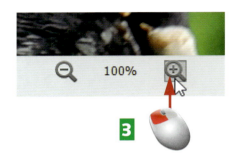

1. Rufen Sie die Funktion *Filter/Weichzeichnungsfilter/Gaußscher Weichzeichner* auf.

2. Klicken Sie in das Vorschaubild, um mit gedrückter linker Maustaste einen neuen Bildausschnitt auszuwählen.

3. Mit den Schaltflächen unter dem Vorschaubild verändern Sie die Darstellungsgröße.

Sie können die ausgewählten Bereiche auf unterschiedliche Art und Weise benutzen. So könnten Sie auch die bereits bekannten Bildoptimierungsfunktionen partiell anwenden – oder Sie verwenden einen Effekt, um das Bild nur in festgelegten Teilen zu verändern.

Wissen

9 Bildteile auswählen — 211

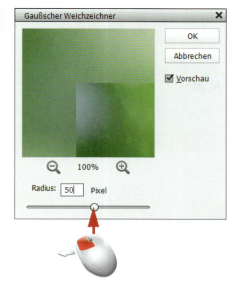

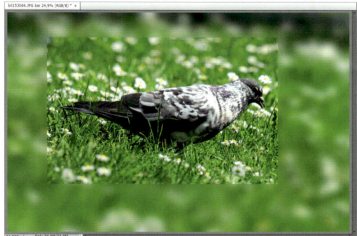

4 Ziehen Sie den Schieberegler, bis die gewünschte Unschärfe erreicht ist. Probieren Sie einmal den Wert *50 Pixel* aus.

5 Verwenden Sie die Funktion *Auswahl/Auswahl aufheben*, damit die aktuelle Auswahl entfernt wird.

6 So entsteht dieses Ergebnis.

Ende

Tipp

Wenn Sie die *Vorschau*-Option im Dialogfeld aktivieren, wird der Effekt im Originalbild angezeigt.

Hinweis

Die vorgestellte Verfahrensweise ist immer dann sinnvoll, wenn Sie bestimmte Bildteile hervorheben wollen.

Eine freie Auswahlform

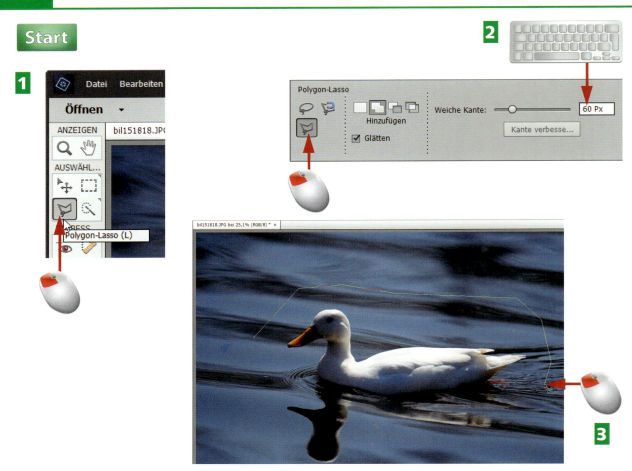

1. Rufen Sie das Werkzeug *Polygon-Lasso* aus der Werkzeugleiste auf.

2. Stellen Sie eine *Weiche Kante* von *60* Pixeln in der Optionsleiste ein.

3. Gestalten Sie nun mit einzelnen Mausklicks im Bild die Form.

Zum Erstellen von Auswahlbereichen gibt es viele Werkzeuge. So können Sie geometrische Formen wie beispielsweise Ellipsen erstellen – aber auch freie Formen sind möglich.

Wissen

9 Bildteile auswählen 213

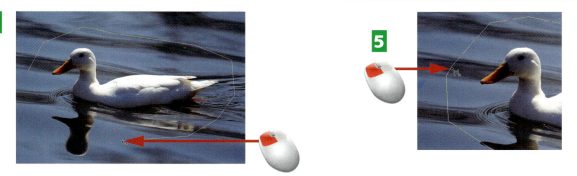

4 „Umfahren" Sie mit Mausklicks Schritt für Schritt die Ente.

5 Beim Startpunkt der Form wird ein kleiner Kreis neben dem Mauszeigersymbol angezeigt. Klicken Sie hier, um die Form zu schließen.

6 So entsteht diese Form. Der Auswahlbereich wurde hier wieder umgekehrt.

Ende

Falls Sie eine falsche Position angeklickt haben, macht das nichts: Mit der ⬅-Taste werden die Punkte wieder gelöscht.

Sie können auf diese Art nur gerade Verbindungen herstellen. Soll eine Rundung entstehen, müssen Sie sehr kurze Linienstücke verwenden.

Tipp　　　　　　　　　　　　　　　　**Hinweis**

214 Eine neue Ebene aus einem Auswahlbereich

Start

1

2

1 Wenn Sie die Entf-Taste drücken, löschen Sie den Inhalt des Auswahlbereichs. Dafür ist dort nun die eingestellte Hintergrundfarbe zu sehen.

2 Ein Blick in das *Ebenen*-Palettenfenster belegt, dass das Dokument nur aus dem Hintergrund besteht.

> Das Arbeiten mit eigenständigen Ebenen ist flexibler, als wenn Sie nur einfach den Inhalt des ausgewählten Bereichs löschen.

Wissen

9 Bildteile auswählen 215

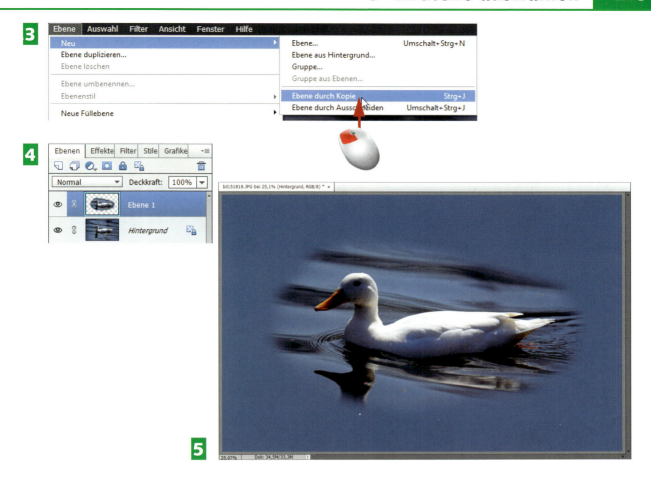

3 Wenn die Auswahl nicht umgekehrt wurde, rufen Sie die Funktion *Ebene/Neu/Ebene durch Kopie* auf.

4 Damit entsteht eine neue Ebene, wie ein Blick in das *Ebenen*-Palettenfenster belegt.

5 Füllen Sie nach dem Markieren den Hintergrund mit einer beliebigen Farbe.

Ende

Mit der Funktion *Ebene/Auf Hintergrundebene reduzieren* werden alle Ebenen des Dokuments zu einer Hintergrundebene „verschmolzen".

Zum Füllen einer Ebene brauchen Sie die Funktion *Bearbeiten/Ebene füllen*. Stellen Sie hier die gewünschte Farbfüllung ein.

Hinweis   **Hinweis**

Das magnetische Lasso im Einsatz

Start

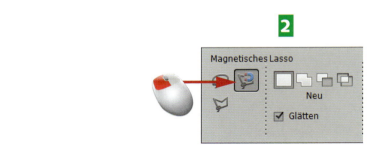
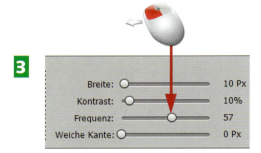

1. Rufen Sie nach dem Öffnen des Bildes das *Magnetische Lasso* aus der Werkzeugleiste auf.

2. Wählen Sie in der Optionsleiste die Option *Magnetisches Lasso*.

3. In der Optionsleiste wird eingestellt, bei welcher *Breite* und welchem *Kontrast* Elements die Kontur erkennt. Die *Frequenz* bestimmt, in welchem Abstand Punkte gesetzt werden.

Wenn Sie ein kontrastreiches Objekt auswählen wollen, bietet sich der Einsatz des magnetischen Lassos an, bei dem Elements entlang einer kontrastreichen Kontur automatisch Punkte setzt.

Wissen

9 Bildteile auswählen 217

4 Klicken Sie einmal auf die Position, an der die Markierung beginnen soll. Danach kann die linke Maustaste losgelassen werden, wenn Sie die Kontur „abfahren".

5 Umfahren Sie so die gesamte Kontur. Wenn Sie wollen, können Sie dennoch jederzeit selbst Punkte setzen, wenn Sie die linke Maustaste drücken.

6 Nach dem Schließen der Form wird automatisch ein Auswahlbereich erstellt.

Ende

Tipp	Tipp	Hinweis
Falsch gesetzte Punkte lassen sich auch bei diesem Werkzeug mit der ⬅-Taste wieder zurücknehmen.	Je höher Sie den *Frequenz*-Wert einstellen, umso engmaschiger werden die Punkte gesetzt.	Es hängt stark vom Motiv ab, ob das magnetische Lasso effektiv arbeitet oder nicht.

Mit dem Zauberstab arbeiten

Start

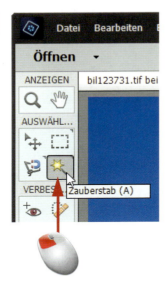

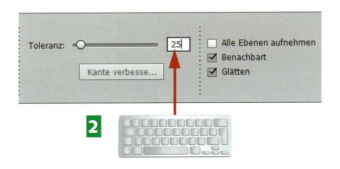

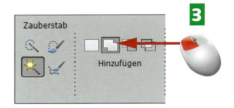

1. Rufen Sie den *Zauberstab* aus der Werkzeugleiste auf.
2. Tippen Sie den *Toleranz*-Wert ein – *25* ist ein Wert, der in vielen Fällen passt. Aktivieren Sie außerdem die *Benachbart*-Option.
3. Stellen Sie die Option *Hinzufügen* ein.

Der *Zauberstab* ist ein sehr flexibles Werkzeug, das immer dann eingesetzt werden kann, wenn Sie farblich ähnliche Bereiche auswählen wollen.

Wissen

9 Bildteile auswählen 219

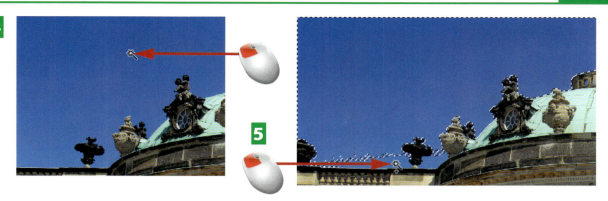

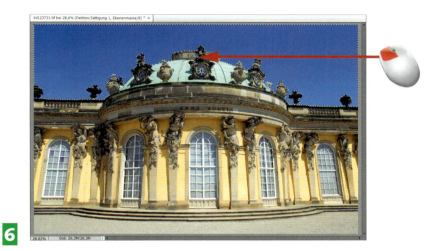

4 Klicken Sie in den Bereich des Himmels, um die Auswahl zu erstellen.

5 Anschließend müssen Sie weitere Male klicken, ...

6 ... um auch die anderen Himmelsbereiche mit in die Auswahl aufzunehmen.

Fachwort

Mit dem **Toleranzwert** legen Sie fest, wie ähnlich ein Farbton dem angeklickten sein muss, damit er in die Auswahl aufgenommen wird.

Hinweis

Ist die Option *Der Auswahl hinzufügen* aktiviert, wird die Auswahl mit jedem weiteren Mausklick erweitert. Die bereits ausgewählten Bereiche bleiben erhalten.

220 Mit dem Zauberstab arbeiten

7 Stellen Sie eine 100 %-Darstellung ein, um zu begutachten, ob alle nötigen Bildteile korrekt in die Auswahl aufgenommen wurden. Scrollen Sie einmal durch das gesamte Bild.

8 Zu viel erfasste Bereiche können Sie mit der Option *Von Auswahl abziehen* entfernen. Welches Auswahlwerkzeug Sie dabei verwenden, ist übrigens egal. Stellen Sie gegebenenfalls eine noch größere Darstellungsgröße ein – zum Beispiel *200%*.

> Das Arbeiten mit dem *Zauberstab* erfordert ein wenig Geduld. Dafür können Sie aber auch sehr unförmige Bereiche erfassen, die mit dem *Polygon-Lasso-Werkzeug* nicht ausgewählt werden könnten.

Wissen

9 Bildteile auswählen 221

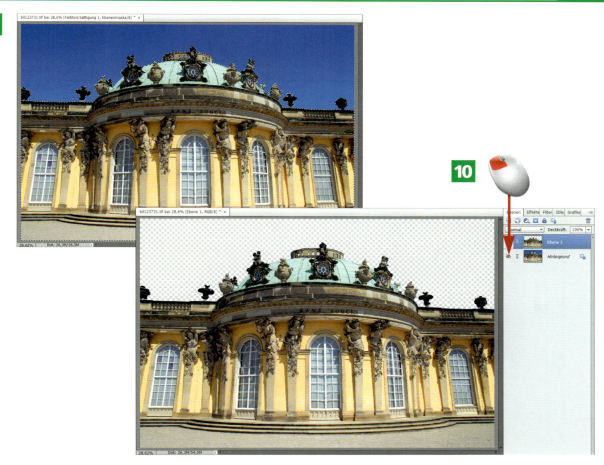

9 Kehren Sie zum Abschluss die Auswahl wieder um, sodass dieses Ergebnis entsteht.

10 Kopieren Sie die Auswahl nun gegebenenfalls wieder auf eine getrennte Ebene. Wird der Hintergrund ausgeblendet, entsteht das abgebildete Ergebnis.

Ende

Falls zu wenige oder zu viele Bereiche ausgewählt wurden, nehmen Sie den letzten Arbeitsschritt mit der Funktion *Bearbeiten/Rückgängig* zurück und testen einen anderen Wert.

Um zu symbolisieren, welche Flächen im Bild transparent sind, verwendet Photoshop Elements ein Karomuster.

Tipp

Hinweis

222 Das Schnellauswahl-Werkzeug

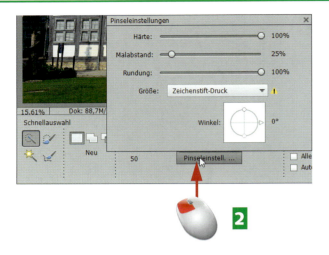

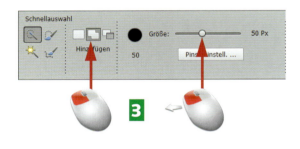

1 Rufen Sie das *Schnellauswahl-Werkzeug* aus der Werkzeugleiste auf.

2 Klicken Sie auf die Schaltfläche *Pinseleinstellungen*, um in diesem Dialogfeld die Optionen für den Pinsel einzustellen.

3 Aktivieren Sie links die Option *Der Auswahl hinzufügen* und legen Sie die Größe der Pinselspitze fest.

Neben den „Standard-Auswahlwerkzeugen" bietet Photoshop Elements noch verschiedene andere Werkzeuge an, um bestimmte Bereiche im Bild auswählen zu können. So leistet das *Schnellauswahl-Werkzeug* oft gute Dienste.

Wissen

9 Bildteile auswählen 223

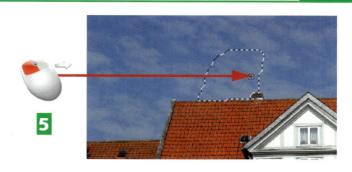

4 Aktivieren Sie zudem die Option *Automatisch verbessern*, um die Auswahlkante zu optimieren.

5 Klicken Sie in den auszuwählenden Bereich und ziehen Sie mit gedrückter linker Maustaste, um ...

6 ... alle gewünschten Bereiche zu erfassen. Im Beispiel wurde der Himmel ausgewählt.

Ende

Tipp
Je größer der Pinsel eingestellt ist, umso mehr Farben werden erfasst und umso größer wird damit der ausgewählte Bereich.

Hinweis
Mit der Option *Kante verbessern* in der Optionsleiste können Sie in einem gesonderten Dialogfeld festlegen, wie die Auswahlkante optimiert werden soll.

224 Den Auswahlpinsel einsetzen

Start

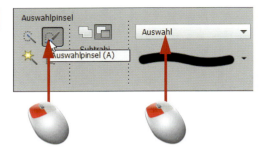

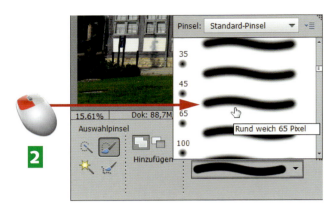

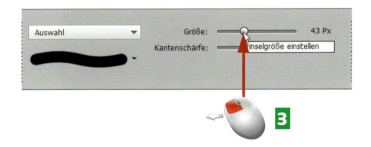

1 Rufen Sie den *Auswahlpinsel* aus der Werkzeugleiste auf. Wählen Sie die *Auswahl*-Option aus.

2 Klicken Sie in das Vorschaubild der Pfeilspitze, um eine Pinselform auszuwählen.

3 Stellen Sie dann die Größe des Pinsels mit dem Schieberegler ein.

Mit dem *Auswahlpinsel* lassen sich die Bereiche sehr nuanciert erfassen. Immer dann, wenn die anderen Auswahlwerkzeuge nicht zum gewünschten Ergebnis führen, ist er die richtige Wahl.

Wissen

9 Bildteile auswählen 225

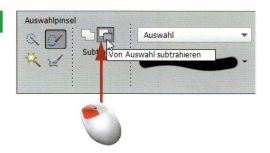

4 Aktivieren Sie die Option *Von Auswahl subtrahieren*, wenn Bereiche entfernt werden sollen, die zuvor mit dem *Schnellauswahl-Werkzeug* zu viel erfasst wurden.

5 Übermalen Sie mit gedrückter linker Maustaste die betreffenden Stellen.

6 So wurde hier der Baum aus dem Auswahlbereich entfernt.

Ende

Sie sollten eine größere Darstellungsgröße einstellen (etwa 100 oder 200 %), um alle Details gut erkennen zu können.

Sie können den Auswahlbereich beispielsweise nutzen, um das Foto mit einem neuen Himmel zu versehen.

Falls Sie sich vermalen, kann die Funktion *Bearbeiten/Rückgängig* weiterhelfen.

Tipp **Tipp** **Hinweis**

226 Auswahlbereiche anwenden

Start

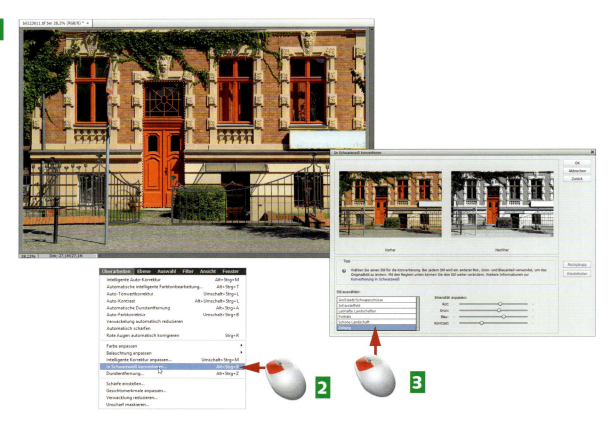

1 Erstellen Sie mit den bekannten Auswahlwerkzeugen die gewünschte Auswahl. So wurde im Beispielbild die Tür der Hausfassade mit dem *Polygon-Lasso* ausgewählt.

2 Rufen Sie nach dem Umkehren des Auswahlbereichs die Funktion *Überarbeiten/ In Schwarzweiß konvertieren* auf.

3 Wählen Sie aus der Stil-Liste zum Beispiel die Option *Zeitung*.

Ausgewählte Bildteile lassen sich auf vielfältige Art und Weise weiterbearbeiten. Alle Bearbeitungen beziehen sich dann nur auf die Bereiche innerhalb der Auswahl – alle anderen Teile des Bildes bleiben von den Veränderungen verschont.

Wissen

9 Bildteile auswählen   227

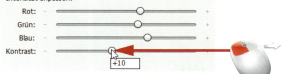

4

5

4 Passen Sie gegebenenfalls mit den Schiebereglern im rechten Bereich das Ergebnis an. So wurde im Beispiel der Kontrast erhöht, ...

5 ... um dieses interessant wirkende Ergebnis zu erhalten. Die Auswahl wurde hier mit der Funktion *Auswahl/Auswahl aufheben* entfernt.

Ende

Tipp

Experimentieren Sie ein wenig herum. So wirken auch viele der Effekte aus dem *Filter*-Menü sehr spannend.

Hinweis

Im Beispiel sollte der größte Teil des Bildes geschützt werden. Es ist aber meist leichter, einen kleinen Teil auszuwählen (hier die Tür) und dann die Auswahl umzukehren.

228 Den Assistent-Bereich nutzen

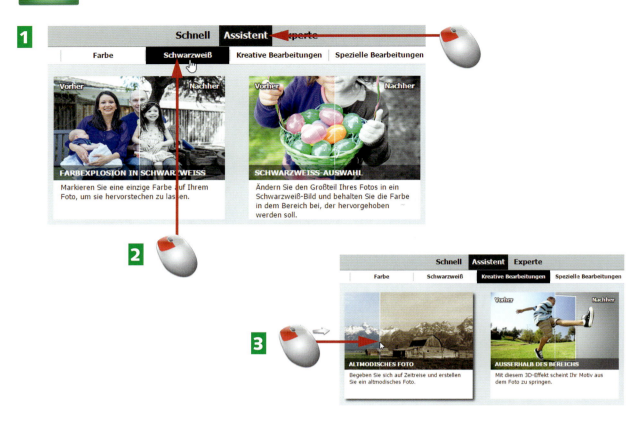

1 Rufen Sie über das obere Register den *Assistent*-Bereich auf. Sie sehen dann in der Zeile darunter unterschiedliche Kategorien.

2 Klicken Sie auf eine Registerkarte, um diese Rubrik zu öffnen.

3 Alle Funktionen sind mit einem erläuternden Bild gekennzeichnet. Ziehen Sie den Mauszeiger, um die Wirkung zu erkennen. Klicken Sie auf einen Eintrag, ...

Im erweiterten *Assistent*-Bereich finden Sie sehr viele Funktionen, um sehr komplexe Aufgabenstellungen mit wenigen Arbeitsschritten zu erledigen. Die jeweiligen Arbeitsschritte werden umfangreich und verständlich erläutert.

Wissen

9 Bildteile auswählen 229

 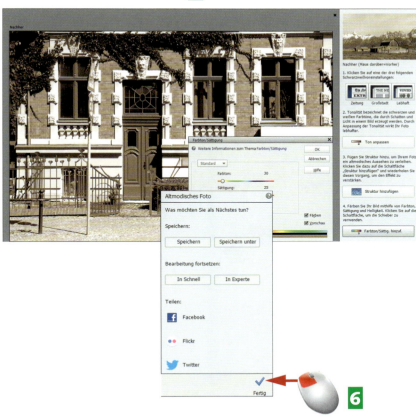

 ... um diese Ansicht zu öffnen. Hier sind alle nötigen Arbeitsschritte aufgelistet. Mit einem Klick auf die jeweilige Schaltfläche wird die Funktion gleich auf das Bild angewendet.

 Je nach aufgerufener Funktion werden die bereits bekannten Dialogfelder geöffnet. Wechseln Sie mit der *Weiter*-Schaltfläche zum nächsten Assistentenschritt.

Schließen Sie den Vorgang mit der *Fertig*-Schaltfläche ab.

Ende

Nach dem Aufruf der *Weiter*-Schaltfläche können Sie wählen, ob das Ergebnis gespeichert, im *Experte*-Bereich weiterbearbeitet oder in sozialen Netzwerken geteilt werden soll.

Je nach ausgewählter Funktion werden sehr unterschiedliche Arbeitsschritte eingeblendet. Bei einigen Effekten sind es sehr viele Schritte, bei anderen eher weniger.

Hinweis **Hinweis**

Assistent-Ergebnisse variieren

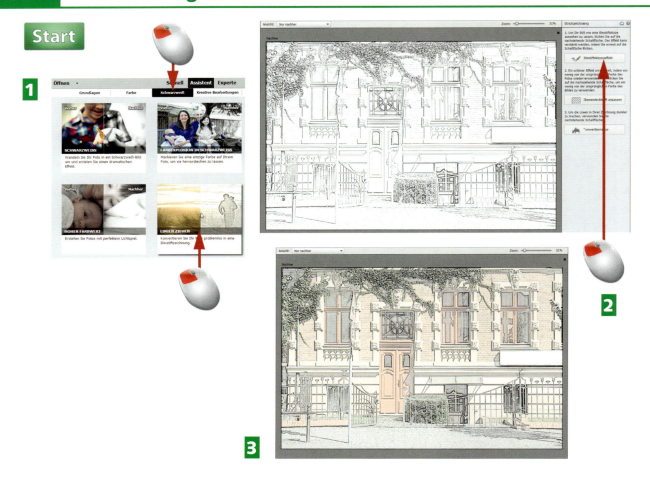

1 Rufen Sie in der Rubrik *Schwarzweiß* die Option *Linien ziehen* auf, um das Foto in eine Art Zeichnung zu verwandeln.

2 Klicken Sie auf die eingeblendeten Schaltflächen, um die einzelnen Arbeitsschritte automatisch auszuführen.

3 Nach der Abarbeitung der drei Arbeitsschritte dieser Funktion entsteht dieses Ergebnis.

Ein besonderer Vorteil der Funktionen im *Assistent*-Bereich ist, dass Sie deutlichen Einfluss auf das Ergebnis nehmen können. So lässt sich die Wirkung des Ergebnisses nachträglich relativ leicht beeinflussen.

Wissen

9 Bildteile auswählen   231

4 Wenn Sie in den *Experte*-Bereich wechseln, sehen Sie, dass bei dieser Funktion automatisch eine neue Ebene erstellt wurde, die etwas transparent eingestellt wurde. Sie können den Grad der Transparenz verändern.

5 Mit einer geringeren Transparenz von 50 % statt 80 % entsteht beispielsweise dieses Ergebnis.

Ende

Die **Überblendungsmodi** legen fest, wie die Pixel der oben liegenden Ebene mit der darunter liegenden verrechnet werden.

Sie können beispielsweise auch die Überblendungsmodi des *Ebenen*-Palettenfensters nutzen, um das Ergebnis anzupassen.

Fachwort

Hinweis

Tolle Assistentenfunktionen

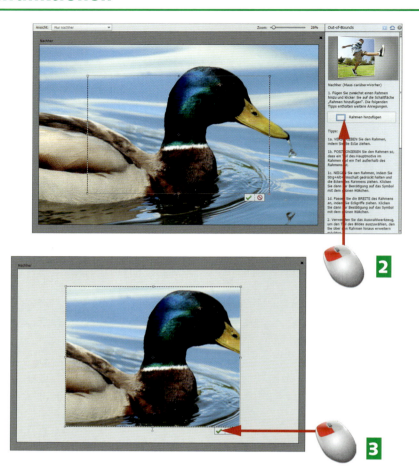

1 Rufen Sie im *Assistent*-Modus des Editors die Rubrik *Kreative Bearbeitungen* und dort die Option *Außerhalb des Bereichs* auf.

2 Neben den Werkzeugen werden im rechten Bereich auch detaillierte Informationen für die notwendigen Arbeitsschritte angezeigt.

3 Zunächst wird der Rahmen aufgezogen und danach die Rahmenstärke festgelegt. Klicken Sie auf das grüne Häkchen rechts unten, um den Vorgang abzuschließen.

Die Möglichkeiten, die in der *Assistent*-Variante des Editors angeboten werden, werden von Version zu Version mehr ausgeweitet. So haben Sie inzwischen viele Möglichkeiten, um Ihr Foto effektvoll darzustellen.

Wissen

9 Bildteile auswählen 233

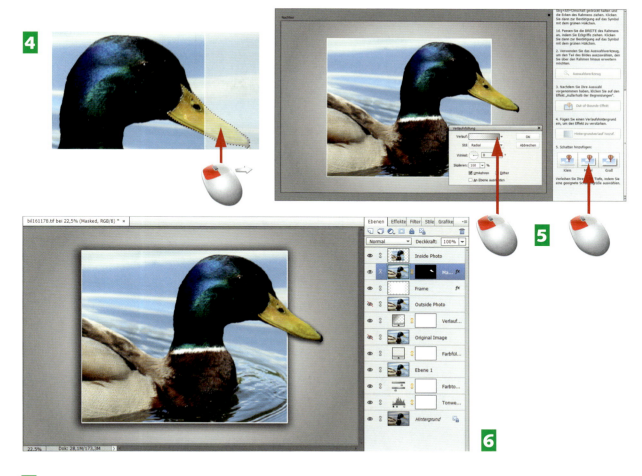

4 Danach wird der Bereich ausgewählt, der aus dem Rahmen herausragen soll. Dazu wird automatisch das *Schnellauswahl-Werkzeug* verwendet.

5 Sie können dann entscheiden, ob der Hintergrund mit einem Verlauf oder einer Farbfläche gefüllt wird und ob ein Schatten platziert werden soll.

6 Wenn Sie danach in den *Vollständig*-Modus wechseln, sehen Sie, dass Elements automatisch eine Menge verschiedener Ebenen erstellt hat.

Bei den Assistenten-Funktionen handelt es sich um automatisierte Arbeitsabläufe, bei denen Sie manuell eingreifen können.

Der recht beliebte sogenannte **Out-of-Bounds**-Effekt (außerhalb des Rahmens) lässt Bildteile aus dem Bilderrahmen herausragen.

Der Assistent stellt für jeden Arbeitsschritt direkt das benötigte Werkzeug zur Verfügung. In der Werkzeugleiste sind nur noch die Darstellungsfunktionen zu sehen.

Hinweis | **Fachwort** | **Hinweis**

Tolle Assistentenfunktionen

7 Rufen Sie im *Assistent*-Modus aus der Rubrik *Kreative Bearbeitungen* die *Bildstapel*-Funktion auf.

8 Legen Sie zunächst die Anzahl der Bilder fest, in die das Originalfoto zerlegt wird.

Es lohnt sich durchaus, die unterschiedlichen Funktionen, die im *Assistent*-Bereich bereitgestellt werden, intensiv zu erforschen. Da nicht jede Funktion für jedes Ausgangsbild geeignet ist, lohnt sich das Experimentieren.

Wissen

9 Bildteile auswählen   235

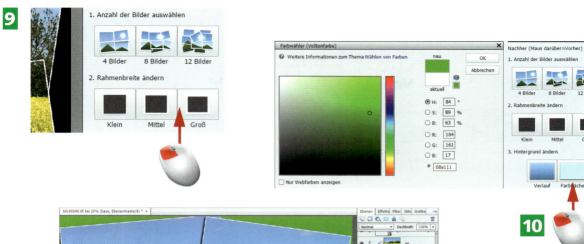

9 Als Nächstes wird die gewünschte Stärke der Rahmen angegeben.

10 Stellen Sie dann für den Hintergrund wahlweise einen Farbverlauf oder einen einfarbigen Hintergrund ein. Die Farbe wird in einem gesonderten Dialogfeld festgelegt.

11 Auch bei diesem Effekt entsteht ein Ergebnis mit sehr vielen verschiedenen Ebenen, wie ein Blick in das *Ebenen*-Palettenfenster belegt, wenn Sie den *Experte*-Modus aktiviert haben.

Ende

Die Anzahl und Art der einzelnen Assistentenschritte unterscheiden sich von Effekt zu Effekt. Bei einigen Effekten sind nur wenige Arbeitsschritte nötig – bei anderen sehr viele.

Die Assistenten tun nichts anderes, als die „normalen" Elements-Funktionen und -Effekte der Reihe nach automatisch abzuarbeiten.

Hinweis   **Hinweis**

236 Spezielle Bearbeitungen

Start

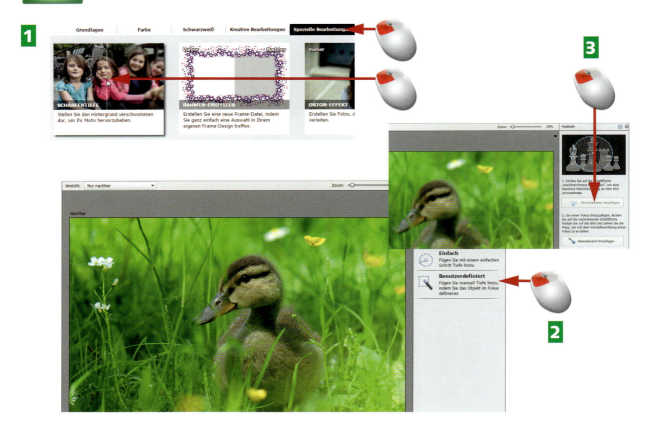

1. Wechseln Sie zur Kategorie *Spezielle Bearbeitungen* und rufen Sie dort die Option *Schärfentiefe* auf.

2. Sie haben die Optionen *Einfach* und *Benutzerdefiniert* zur Auswahl.

3. Bei der *Einfach*-Option wird im ersten Arbeitsschritt das gesamte Bild weichgezeichnet, wenn Sie die Schaltfläche *Weichzeichner hinzufügen* anklicken.

In der vorletzten Kategorie mit der Bezeichnung *Spezielle Bearbeitungen* finden Sie Optionen, um Fotos zum Beispiel neu zusammenzusetzen oder alte Bilder zu restaurieren. Auch Porträts lassen sich hier optimieren. Zudem gibt es den beliebten Miniatureffekt. Mit dem *Schärfentiefe*-Effekt können Sie den Hintergrund eines Bildes weichzeichnen.

Wissen

9 Bildteile auswählen 237

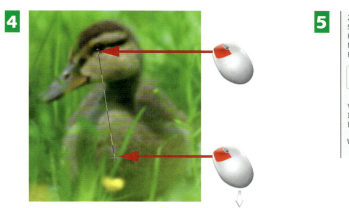

4 Nach dem Aufruf der Option *Fokusbereich hinzufügen* legen Sie den Bereich im Bild fest, der scharf erhalten bleiben soll. Ziehen Sie dazu eine Linie auf, die den Bereich umfasst.

5 Mit dem Schieberegler wird abschließend die Stärke der Weichzeichnung festgelegt. Im Beispiel kam die Maximaleinstellung zum Einsatz, …

6 … bei der dieses Ergebnis entsteht.

Ende

Die veränderte Schärfentiefe entsteht dadurch, dass Bildteile in einem festgelegten Bereich weichgezeichnet werden.	Die teilweise Weichzeichnung entsteht durch das Maskieren der oberen Ebene. Dies ist im *Experte*-Modus am Miniaturbild in der *Ebenen*-Palette zu erkennen.	Als **Weichzeichnung** bezeichnet man es, wenn das Bild unscharf dargestellt wird.
Hinweis	**Hinweis**	**Fachwort**

Tolle Effekte

10

240 Aufbau der Effektfilter

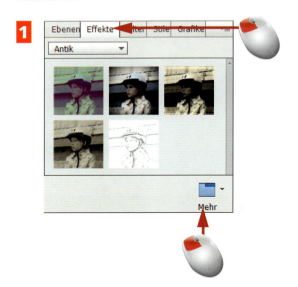

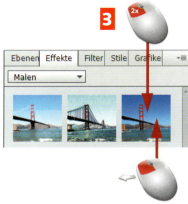

1. Wählen Sie im Fotoeditor über die *Mehr*-Schaltfläche die *Effekte*-Option, um diese Rubrik einzublenden.

2. Im Listenfeld finden Sie verschiedene Themenbereiche, nach denen die unterschiedlichen Effekte sortiert sind.

3. Um einen Effekt zuzuweisen, klicken Sie entweder doppelt auf das betreffende Miniaturbild oder ziehen es direkt in das Foto.

Die Effektfilter wurden in den Photoshop-Elements-Versionen ständig erweitert. So erreichen Sie über das *Effekte*-Register diverse Vorlagen, um Ihre Fotos zu verfremden.

Wissen

10 Tolle Effekte 241

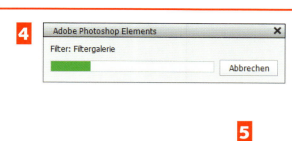

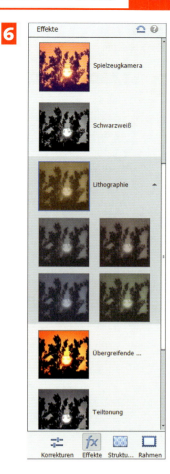

4 Je nach ausgewähltem Effekt kann das Anwenden einen Moment dauern.

5 Bei diesem Bild wurde der Effekt *Ölgemälde* aus der *Malen*-Kategorie angewendet.

6 Im *Schnell*-Bereich werden die Effekte etwas anders angezeigt. Außerdem zeigt das Miniaturbild das geöffnete Foto.

Ende

Hinweis

Probieren Sie die Effekte einmal an unterschiedlichen Motiven aus. Nicht jeder Effekt wirkt bei jedem Foto gleich gut.

Hinweis

Im *Schnell*-Bereich werden für jeden Effekt vier verschiedene Varianten angeboten. Klicken Sie am Ende des Eintrags auf den Pfeil, um in diesen Modus zu wechseln.

242 Mit Effektfiltern arbeiten

Start

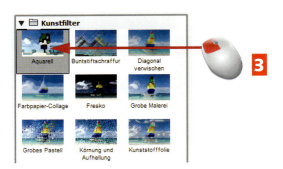

1 Im *Filter*-Menü sind alle Effekte untergebracht. Wählen Sie einen Filter in den thematisch sortierten Untermenüs aus.

2 Nach dem Aufruf des Filters öffnet sich die *Filtergalerie*. Öffnen Sie hier die unterschiedlichen Kategorien mit einem Klick auf das Pfeilsymbol.

3 Um einen Effekt zuzuweisen, klicken Sie einfach das betreffende Miniaturbild an. Der Effektfilter wird dann mit Standardwerten angewendet.

Photoshop Elements bietet eine riesige Menge verschiedener Effektfilter an – wie beispielsweise Mal-, Kunst- oder Verzerrungsfilter. Damit können Sie Fotos veredeln oder verfremden. Das Experimentieren mit verschiedenen Effekten lohnt sich.

Wissen

10 Tolle Effekte 243

4

5

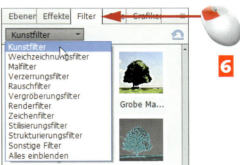

6

4 Ziehen Sie mit gedrückter linker Maustaste im Vorschaubereich, um den sichtbaren Bildausschnitt zu verschieben.

5 Ändern Sie im rechten Bereich die Einstellungsoptionen, die je nach verwendetem Filter bereitgestellt werden.

6 Rufen Sie alternativ dazu die Filter auch über die Registerkarte *Filter* auf.

Mit einem Doppelklick auf einen Effekt im Palettenfenster *Effekte* wird der Effekt direkt auf das Bild angewendet.

In der *Filtergalerie* finden Sie zwar sehr viele Effekte – aber nicht alle. Die anderen Effekte erreichen Sie nur über das Menü.

Hinweis   **Hinweis**

244 Mit Effektfiltern arbeiten

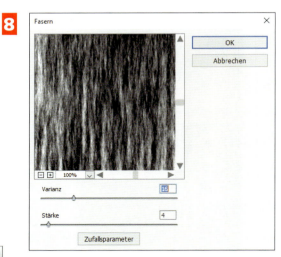

7 Die Filter, die nicht über die *Filtergalerie* zu erreichen sind, bieten die Optionen in gesonderten Dialogfeldern an, ...

8 ... die mal mehr, mal weniger komplexe Optionen bereitstellen.

9 Einige Filter – wie etwa der Effekt *Konturen finden* – bieten gar keine Optionen an.

Nicht jeder Effekt wirkt bei jedem Motiv. Einige der Effekte wirken eher bei plakativen Motiven – andere eher bei detailreichen Abbildungen. Mit der Zeit gewinnen Sie aber bestimmt ein Gefühl dafür, welcher Filter für welches Motiv geeignet ist. Hier macht die Übung den Meister.

Wissen

10 Tolle Effekte

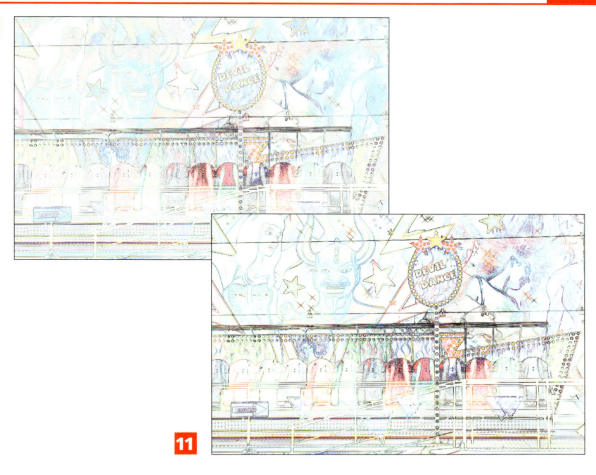

10 Die Filter wirken bei verschiedenen Bildgrößen völlig unterschiedlich. Beide Ergebnisse entstanden mit dem Filter *Konturen finden* – ...

11 ... diese Vorlage ist allerdings nur halb so groß wie die vorherige. Um den Unterschied deutlich zur Geltung zu bringen, wurde das Bild hier genauso groß dargestellt.

Ende

Tipp

Da sich nicht jeder Effekt für jedes Foto eignet, sind meist einige Versuche notwendig. Probieren Sie die Effekte einmal bei unterschiedlichen Bildern aus.

Hinweis

Es ist spannend, unterschiedliche Einstellungen eines Filters auszuprobieren.

246 Interessante Anpassungsfilter

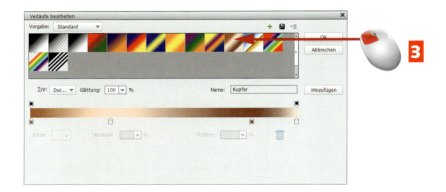

1 Rufen Sie die Funktion *Filter/Anpassungsfilter/Verlaufsumsetzung* auf.

2 Klicken Sie auf das Verlaufs-Vorschaubild, ...

3 ... um in einem gesonderten Dialogfeld einen Verlauf auszuwählen.

In der Kategorie *Anpassungsfilter* gibt es sechs verschiedene Effektfilter. Sie ändern die Farben des Bildes und können für interessante Effektbilder genutzt werden.

Wissen

10 Tolle Effekte 247

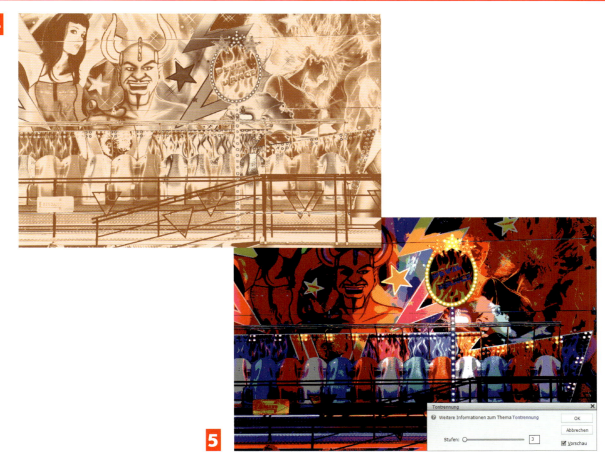

4 Mit dem *Kupfer*-Verlauf entsteht dieses interessante Ergebnis.

5 Die Funktion *Filter/Anpassungsfilter/Tontrennung* reduziert die Anzahl der Farben drastisch.

Ende

Tipp	Fachwort	Hinweis
Wollen Sie die Farbtöne des Verlaufs ändern, klicken Sie die Farbmarkierungspunkte an, dann öffnet sich ein gesondertes Farbwähler-Dialogfeld.	Bei einem **Verlauf** werden verschiedene Farbtöne ineinander überblendet.	Bei der *Verlaufsumsetzung* werden alle Farbtöne des Bildes gegen die Farben des Verlaufs ausgetauscht. So entstehen farbverfälschte Bilder.

248 Bilder malen mit Kunstfiltern

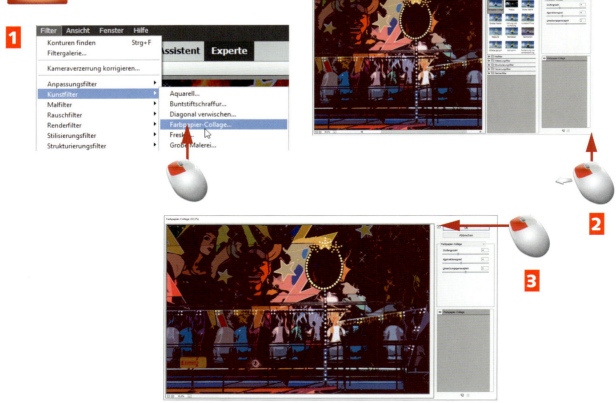

1. Rufen Sie die Funktion *Filter/Kunstfilter/Farbpapier-Collage* auf.

2. Skalieren Sie die *Filtergalerie*, indem Sie an der unteren rechten Ecke ziehen, um beispielsweise den Bereich für das Vorschaubild zu vergrößern.

3. Blenden Sie mit der Doppelpfeil-Schaltfläche die Rubriken ein oder aus. Ist der Bereich ausgeblendet, sehen Sie mehr vom Vorschaubild.

Wenn Sie Fotos in „Gemälde" verwandeln, lohnt sich ein Blick in das *Kunstfilter*-Menü. Dort sind 15 verschiedene Filter zu finden, die unglaubliche Ergebnisse erzeugen.

Wissen

10 Tolle Effekte · 249

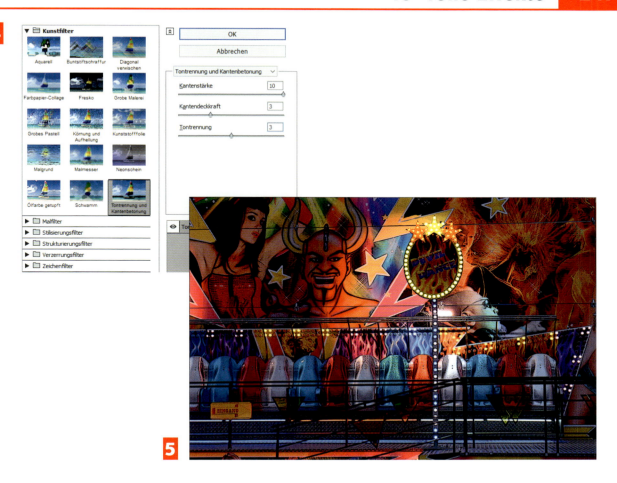

4 Probieren Sie doch einmal den Filter *Tontrennung und Kantenbetonung* mit den abgebildeten Einstellungen aus.

5 Damit entsteht ein Ergebnis, das wirklich fast wie „gemalt" aussieht.

Ende

Tipp

Der Effekt *Farbpapier-Collage* erzeugt sehr plakative Bilder. Daher dürfen im Ausgangsfoto nicht zu viele feine Details zu sehen sein.

Hinweis

Nicht bei allen Kunstfiltern entstehen schöne Ergebnisse. Einige Filter wirken nur mit viel Fantasie so, als wären sie gemalt, wie etwa der *Aquarell*-Filter.

250 Spannende Malfilter im Einsatz

Start

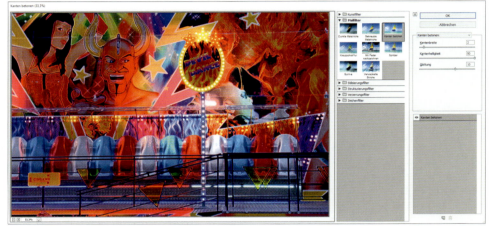

1 Rufen Sie die Funktion *Filter/Malfilter/Kanten betonen* auf.

2 Folgende Einstellungen wurden verwendet: *Kantenbreite 2*, *Kantenhelligkeit 50* und *Glättung 10*. Diese Werte führen zum abgebildeten Ergebnis.

In der *Malfilter*-Rubrik gibt es acht Effekte, die ebenfalls verwendet werden können, um virtuelle Kunstwerke zu erstellen. So erscheinen die Ergebnisse beispielsweise, als wären sie mit einem Buntstift gemalt oder mit einer Feder gezeichnet.

Wissen

10 Tolle Effekte 251

3 Mit den betonten Kanten entsteht ein reizvolles Ergebnis.

4 Diese Einstellungen des *Sumi-e*-Effekts …

5 … wirken interessant. Hier entsteht ebenfalls eine gemalte Wirkung durch das Verändern der Konturen.

Ende

Damit diese Filter wirken, müssen Kontraste im Bild vorhanden sein. Gut geeignet sind Bildpartien, an denen viele dunkle auf helle Stellen treffen.

Tipp

Experimentieren Sie doch einmal mit den Maximalwerten. Manchmal entstehen dadurch verblüffende Ergebnisse.

Tipp

252 Konturen zum Leuchten bringen

Start

1 Die Rubrik *Stilisierungsfilter* enthält neun Effekte, mit denen Sie die Bilder sehr stark verändern können. Wählen Sie den gewünschten Filter aus.

2 Bei diesem Ausgangsbild …

Um mit den Konturen-Filtern arbeiten zu können, benötigen Sie Vorlagen, die Details enthalten – flächige Motive sind hier weniger geeignet. Mit der Kombination mehrerer Filter erzielen Sie ansprechende Ergebnisse.

Wissen

10 Tolle Effekte 253

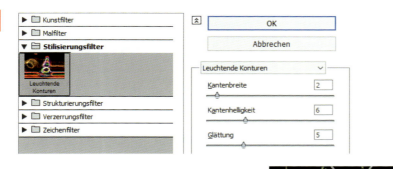

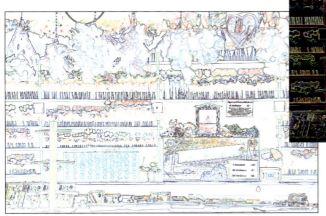

3 ... wurde der Effekt *Filter/Stilisierungsfilter/Leuchtende Konturen* verwendet.

4 Damit entsteht dieses Ergebnis.

5 Wenden Sie nun die Funktion *Filter/Anpassungsfilter/Umkehren* an, um ein „negatives" Ergebnis zu erhalten.

Ende

Tipp

Bei den Schärfe-Filtern erzielen Sie mit dem Filter *Unscharf maskieren* die besten Ergebnisse.

Hinweis

Die Funktion *Filter/Anpassungsfilter/Umkehren* erreichen Sie übrigens auch über die Tastenkombination [Strg]+[I]. Dies klappt schneller als der Aufruf der Menüfunktion.

254 Lauter kleine Stückchen

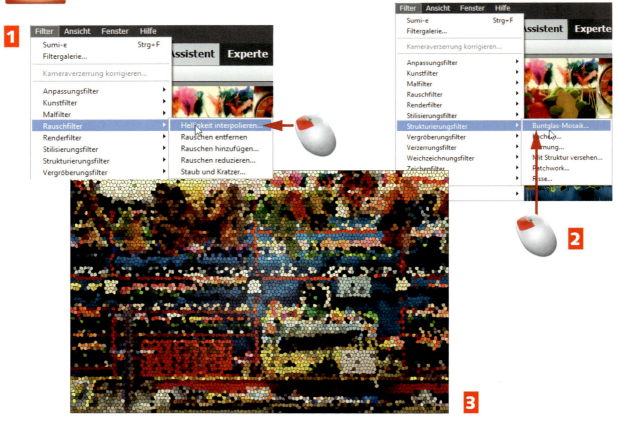

1 In der Rubrik *Rauschfilter* gibt es fünf Optionen, um Störungen hinzuzufügen oder zu entfernen.

2 Rufen Sie die Funktion *Strukturierungsfilter/Buntglas-Mosaik* auf.

3 Damit erzielen Sie dieses Ergebnis. Geben Sie dabei zum Beispiel eine *Zellgröße* von *15* ein.

Viele Strukturierungsfilter zerteilen das Bild auf unterschiedliche Art und Weise in lauter kleine Teilchen. Damit erzielen Sie recht interessante Wirkungen. Sie müssen aber ausprobieren, welche Größe für die „Stückchen" passend ist. Bei zu großen Stücken könnte das Motiv völlig verfremdet werden.

Wissen

10 Tolle Effekte   255

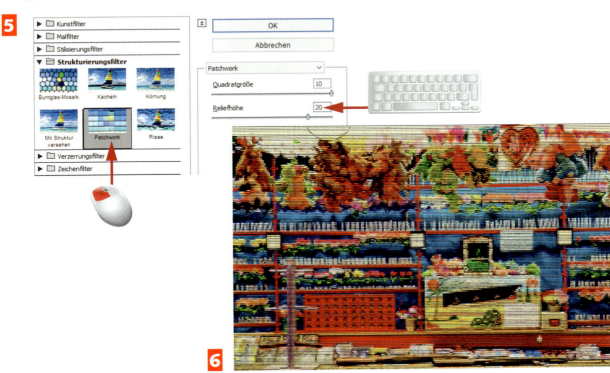

4 Da auch diese Filter die Vordergrundfarbe nutzen, sollten Sie die Standardfarbe einstellen. Klicken Sie dazu auf das Schwarz-Weiß-Symbol.

5 Rufen Sie die Funktion *Strukturierungsfilter/Patchwork* auf und nehmen Sie die abgebildeten Einstellungen vor, …

6 … um dieses Ergebnis zu erhalten.

Ende

Fachwort

Störungen kennen Sie vielleicht noch von der analogen Fotografie. Wurde ein hochempfindlicher Film verwendet, war das Filmkorn zu sehen.

Hinweis

Welche Größe für die „Stückchen" passend ist, hängt von der Bildgröße ab. Je größer das Foto ist, umso größer muss auch der Wert für die Stücke sein.

256 Punkt für Punkt platziert

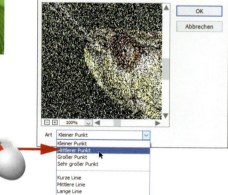

1 Wählen Sie für diese Vorlage …

2 … den Effekt *Filter/Vergröberungsfilter/Mezzotint* aus.

3 Stellen Sie eine der Varianten aus dem Listenfeld ein.

Auch die Vergröberungseffekte zerteilen die Vorlagen in kleinere Stücke – allerdings auf eine ganz andere Art. Hier scheint an vielen Stellen die Hintergrundfarbe durch.

Wissen

10 Tolle Effekte   257

4 Das Ergebnis ist wirkungsvoll. Es sieht so aus, als wäre es mit einer spitzen Feder gezeichnet.

5 Auch mit dem *Punktieren*-Effekt …

6 … entsteht ein witziges Ergebnis.

Hinweis

Die passende *Zellengröße* hängt stark von der Größe des Bildes ab. Je höher die Bildauflösung ist, umso höher muss der Wert für die *Zellengröße* sein, damit das Ergebnis gut wirkt.

Hinweis

Effekte zur Bildverfremdung können zum Beispiel als grafisches „Schmankerl" bei einer Einladungskarte verwendet werden.

258 Bilder verzerren

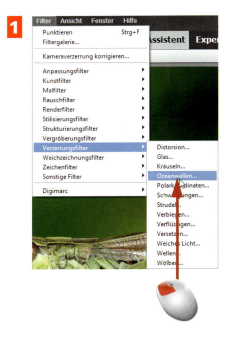
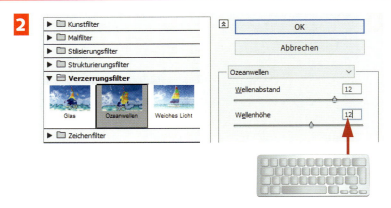

1 Rufen Sie die Funktion *Filter/Verzerrungsfilter/Ozeanwellen* auf.

2 Stellen Sie diese Werte ein, ...

3 ... dann kommt dieses Ergebnis zustande.

Im Menü *Filter/Verzerrungsfilter* finden Sie 13 Filter, um Fotos zu verbiegen, zu verzerren oder anderweitig zu verformen. Hier lohnen sich verschiedene Experimente.

Wissen

10 Tolle Effekte 259

4 Mit der Funktion *Filter/Verzerrungsfilter/Verflüssigen* verformen Sie das Bild in einem gesonderten Arbeitsbereich mithilfe spezieller Werkzeuge.

5 Die Funktion *Filter/Verzerrungsfilter/Wölben* „verbiegt" das Bild beispielsweise, als wäre es über eine Kugel „gespannt".

Ende

Hinweis

Der *Verflüssigen*-Filter dient weniger zur Bildoptimierung, er könnte eher als „Jux"-Filter verstanden werden.

Tipp

Den *Verflüssigen*-Effekt können Sie auch gut einsetzen, um Gesichter zu verzerren.

260 Stempeldruck mit Elements

Start

1 Die Filter in der Rubrik *Weichzeichnungsfilter* sind interessant, wenn Sie Bilder unscharf erscheinen lassen wollen – zum Beispiel bei attraktiven Hintergründen.

2 Dieses Ausgangsbild soll nun mit einem *Zeichenfilter* verändert werden.

3 Insgesamt 17 verschiedene Zeichenfilter haben Sie zur Auswahl. Probieren Sie doch einmal den Effekt *Filter/Zeichenfilter/Stempel* aus.

Die *Weichzeichnungsfilter* benötigen Sie, um Bilder unscharf erscheinen zu lassen. Wollen Sie eher plakative Ergebnisse erstellen, sind die Filter der Rubrik *Zeichenfilter* für Sie interessant. Da auch diese Filter die aktuelle Vorder- und Hintergrundfarbe verwenden, sollten Sie vorher prüfen, welche Farbe Sie einsetzen wollen.

Wissen

10 Tolle Effekte 261

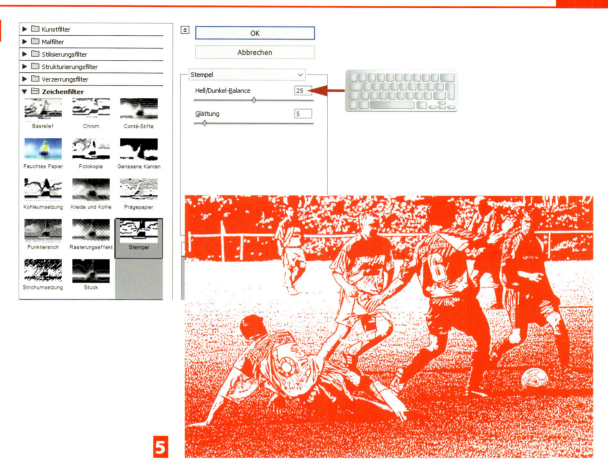

4 Verwenden Sie die abgebildeten Einstellungen, …

5 … um dieses Ergebnis zu erhalten.

Ende

Tipp

Durch andere Vorder-/Hintergrundfarbkombinationen lassen sich auch Ergebnisse ohne Weiß erzeugen. So könnten Sie auch ein „Rot-Blau"-Bild erstellen.

Hinweis

Je niedriger Sie den Wert der *Hell/Dunkel-Balance* einstellen, umso mehr dominieren die weißen Bereiche im Bild.

262 Witzige Ergebnisse

Start

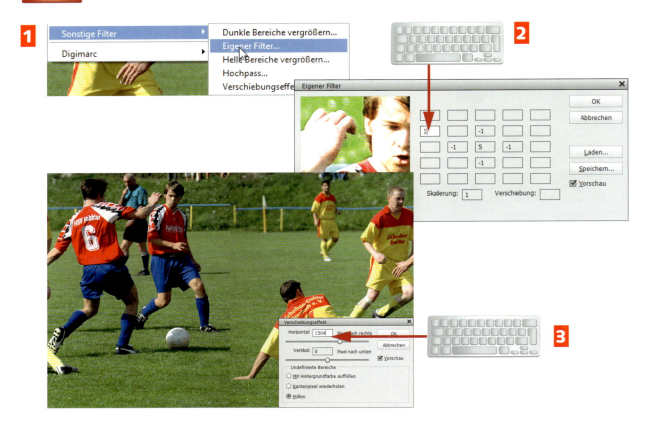

1. Im Menü *Filter/Sonstige Filter* gibt es die Option *Eigener Filter*.
2. Geben Sie in die Eingabefelder beliebige Zahlen ein, um eine Wirkung zu erzielen.
3. Wählen Sie den *Verschiebungseffekt*-Filter, um Bildteile horizontal oder vertikal zu verschieben.

Gelegentlich können Sie verblüffende Ergebnisse erzielen, wenn Sie Filter so einsetzen, wie es eigentlich nicht vorgesehen ist.
Mit dem *Verschiebungseffekt*-Filter können Sie zum Beispiel sehr ungewöhnliche Bildwirkungen erzielen.

Wissen

10 Tolle Effekte 263

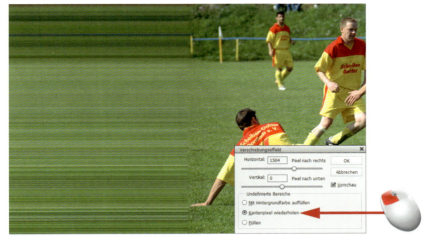

4 Stellen Sie die Option *Kantenpixel wiederholen* ein, es entsteht eine abwechslungsreiche Wirkung.

5 Stellen Sie diese Werte ein, dann wird es ganz spannend, …

6 … da jetzt vom eigentlichen Bild gar nichts mehr übrig ist. Sie sehen nur noch eine Struktur.

Ende

Probieren Sie doch einmal eigene Einstellungen und Filterkombinationen aus, um andere außergewöhnliche Varianten zu erhalten. Viel Spaß!

Strukturen, die keine eigentlichen „Motive" enthalten, eignen sich zum Beispiel als Hintergrundbilder für Texte.

Tipp

Hinweis

Mit Texten arbeiten

A **11**

266 Textattribute einstellen

Start

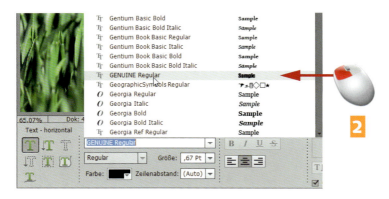

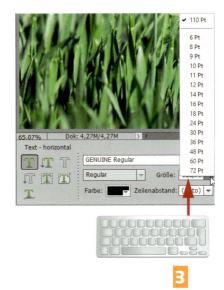

1 Klicken Sie in der Werkzeugleiste auf die Schaltfläche mit dem T-Symbol. Rufen Sie in der Optionsleiste die Option *Horizontales Textwerkzeug* auf.

2 Öffnen Sie in der Optionsleiste das obere Listenfeld und suchen Sie einen Schrifttyp aus.

3 Wenn Sie in der Vorgabenliste der Schriftgrößen die gewünschte Größe nicht finden, tippen Sie den entsprechenden Wert in das Eingabefeld ein.

Texte lassen sich zur Beschriftung oder zum Verzieren von Bildern verwenden. Photoshop Elements bietet eine Menge verschiedener Optionen für die Textgestaltung an.

Wissen

11 Mit Texten arbeiten 267

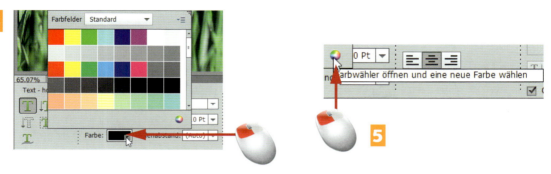

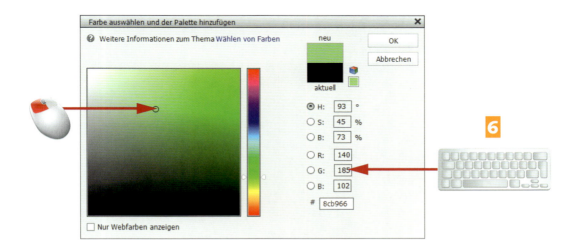

4 Klicken Sie auf das Farbfeld. Damit öffnen Sie eine Farbpalette mit Standardfarben zur Auswahl.

5 Klicken Sie auf das Farbspektrum-Symbol im Dialogfeld, um …

6 … einen Farbwähler zu öffnen. Geben Sie hier den Farbwert entweder in die Eingabefelder ein oder klicken Sie in das Farbspektrum.

Ende

Hinweis	Tipp	Hinweis
In der Schriftenliste sehen Sie rechts neben dem Schriftnamen ein Beispiel, wie die Schrift aussieht.	Sie können Farben auch aus dem Bild aufnehmen. Klicken Sie dazu einfach auf die betreffende Position im Foto.	In dem schmalen Balken rechts neben dem Farbspektrum wird der Farbton ausgewählt.

268 Texte eingeben und skalieren

Start

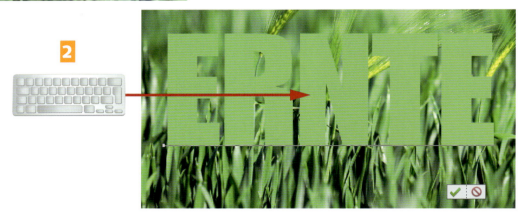

1 Klicken Sie auf die Position, an der der Text beginnen soll.

2 Tippen Sie den gewünschten Text ein.

3 Bestätigen Sie die Texteingabe mit dem Haken-Symbol in der rechten unteren Ecke.

Prinzipiell ist es egal, ob Sie die Texteinstellungen vor oder nach dem Eintippen des Textes anpassen. Da Sie aber die Wirkung besser beurteilen können, wenn die Formatierungen zuerst vorgenommen werden, ist dies der bessere Weg.

A Wissen

11 Mit Texten arbeiten

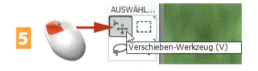

4 Photoshop Elements erstellt automatisch eine neue Textebene, wie ein Blick in das *Ebenen*-Palettenfenster zeigt.

5 Rufen Sie das *Verschieben-Werkzeug* auf und klicken Sie einen Markierungspunkt an, um die Textebene zu skalieren.

6 Aktivieren Sie in der Optionsleiste die *Skalieren*-Option und verziehen Sie einen der Eckmarkierungspunkte, bis die gewünschte Größe erreicht ist.

Ende

Hinweis

Textebenen werden genauso wie alle anderen Ebenen transformiert. Klicken Sie innerhalb des Rahmens, um die Ebene zu verschieben.

Tipp

Die Optionen des *Verschieben-Werkzeugs* werden sichtbar, sobald Sie einen Markierungspunkt des Textobjekts anklicken.

Hinweis

Auch nach dem Transformieren kann der Text weiterhin editiert werden. Rufen Sie dazu erneut das *Textwerkzeug* auf.

270 Den Text mit einer Kontur versehen

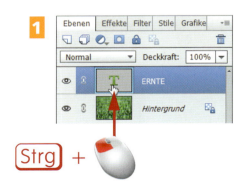

1. Klicken Sie die Textebene mit gedrückter Strg-Taste an.

2. Damit wird die Textebene als Auswahlbereich geladen.

3. Rufen Sie die Funktion *Auswahl/Auswahl verändern/ Umrandung* auf.

Es gibt unterschiedliche Arten, einen Schriftzug mit einer Kontur zu versehen. Einen Ebenenstil anzuwenden, ist eine der möglichen Lösungen. Ich stelle Ihnen in diesem Workshop aber eine andere Variante vor.

Wissen

11 Mit Texten arbeiten 271

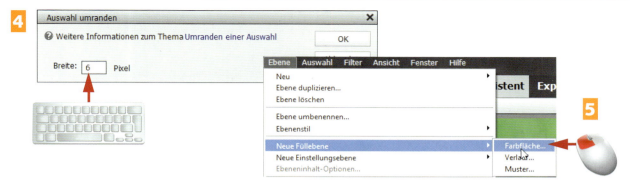

4 Mit diesem Wert bestimmen Sie die Stärke der Kontur. Geben Sie zum Beispiel den Wert 6 ein.

5 Verwenden Sie danach die Funktion *Ebene/Neue Füllebene/Farbfläche*, um den Auswahlbereich zu füllen.

6 Nach der Auswahl einer Farbe im Farbwähler – der sich automatisch öffnet – entsteht dieses Ergebnis.

Ende

Die Füllebene kann nicht nur einfarbig gefüllt werden. In dem Menü *Neue Füllebene* finden Sie außerdem die Optionen für einen Verlauf und ein Muster.

Der Text bleibt zwar editierbar – die Kontur aber nicht, da es sich hier nicht um eine Textebene handelt. Gegebenenfalls müssen Sie die Konturebene neu erstellen.

Hinweis   **Hinweis**

272 Schriftzüge verbiegen

Start

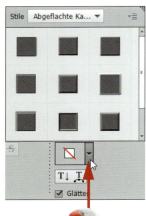

1 Erstellen Sie den Schriftzug mit den bereits beschriebenen Arbeitsschritten. Die verwendeten Einstellungen zeigt die Optionsleiste.

2 Bestätigen Sie die Texteingabe und klicken Sie auf das jetzt verfügbare *Stile*-Listenfeld.

Schriften lassen sich nach dem Formatieren noch vielseitiger gestalten. Weisen Sie entweder Ebenenstile zu oder verformen Sie die Texte.

Wissen

11 Mit Texten arbeiten

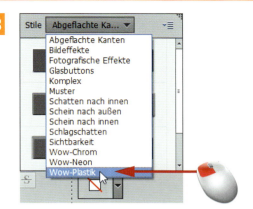

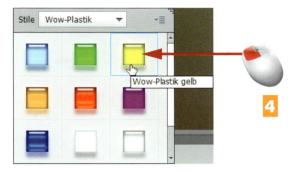

3 Klicken Sie auf die Pfeil-Schaltfläche. In dem Menü finden Sie diverse weitere *Stile*-Bibliotheken. Wählen Sie die Bibliothek *Wow-Plastik*.

4 Alternativ dazu können Sie auch das Palettenfenster *Ebenenstile* verwenden. Klicken Sie auf den Eintrag *Wow-Plastik gelb*, um ihn der Textebene zuzuweisen.

5 Damit entsteht dieses Ergebnis.

Die Wirkung der Ebenenstile hängt auch von der Auflösung des Fotos ab. Probieren Sie Effekte auch einmal mit niedrigerer Bildauflösung aus.

Auch nach dem Zuweisen eines Ebenenstils bleibt der Text editierbar.

Tipp

Hinweis

Schriftzüge verbiegen

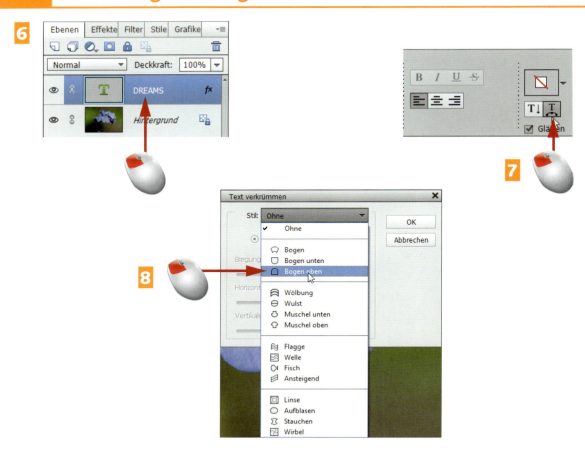

6 Beachten Sie, dass die Textebene aktiviert ist. Sie erkennen dies an der Hervorhebung im *Ebenen*-Palettenfenster.

7 Rufen Sie die Verkrümmungsoption in der Optionsleiste auf. Das *Textwerkzeug* muss dabei weiterhin aufgerufen bleiben.

8 Wählen Sie im Listenfeld aus 15 verschiedenen Verkrümmungsformen.

Mit verformten Texten erzielen Sie in vielen Fällen ein ansprechendes Ergebnis. Der Text wird zum grafischen Element. So lässt sich beispielsweise ein dynamischer Eindruck erzeugen.

Wissen

11 Mit Texten arbeiten 275

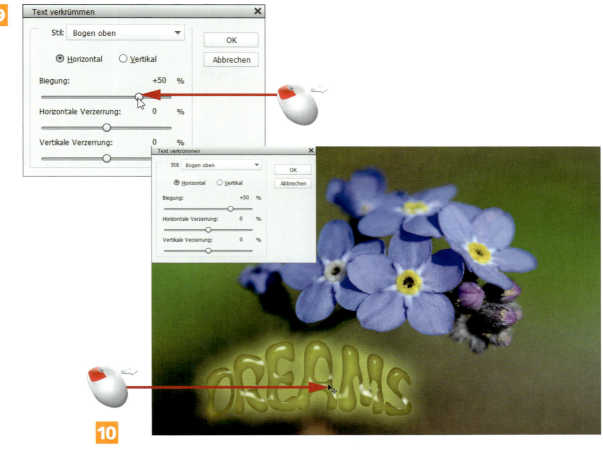

9 Verändern Sie mit den Schiebereglern die Wirkung der Verkrümmung.

10 Verändern Sie die Position des Schriftzugs wunschgemäß. Dies ist auch möglich, wenn das Dialogfeld noch geöffnet ist.

Ende

Sie können die Einstellungen alternativ auch durch Eintippen eines neuen Werts in das Eingabefeld vornehmen.

Die Verformung kann entweder in der Horizontalen oder in der Vertikalen erfolgen.

Tipp

Hinweis

276 Texte an Formen

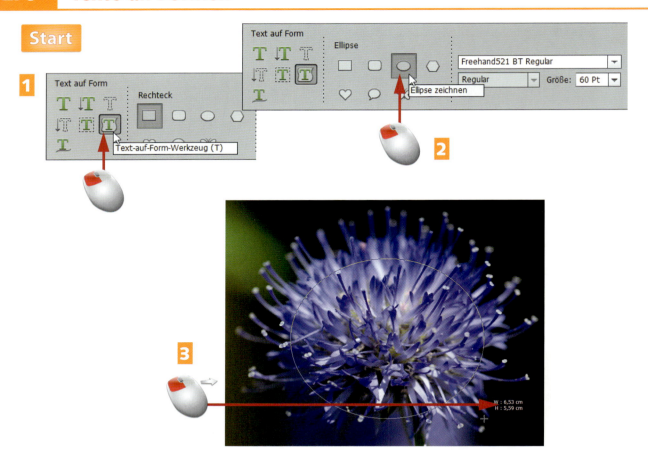

1. Rufen Sie in den Werkzeugeinstellungen des *Textwerkzeugs* die Option *Text-auf-Form-Werkzeug* auf.

2. Wählen Sie aus der Liste die Art der Form. Ich habe eine Ellipse eingestellt.

3. Ziehen Sie mit gedrückter linker Maustaste die Form in der gewünschten Größe auf.

Die Möglichkeit, Texte an Formen auszurichten, gibt es seit Photoshop Elements 10. Seitdem lassen sich attraktivere Ergebnisse erstellen.

Wissen

11 Mit Texten arbeiten 277

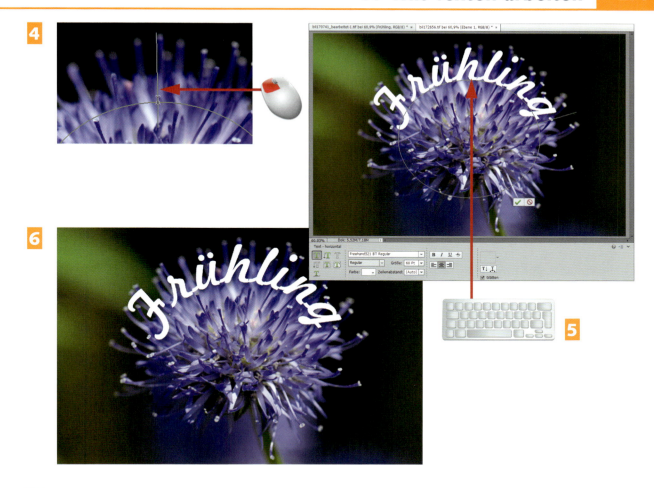

4 Klicken Sie auf den Pfad, wenn Sie das Symbol des Eingabecursors sehen. Damit wird der Eingabecursor auf dem Pfad platziert.

5 Geben Sie den Text ein. Sie können die Formatierungen entweder vor der Eingabe festlegen, oder Sie markieren nachträglich den Text und stellen die Werte ein.

6 Abschließend können Sie wie gewohnt Effekte zuweisen. Hier wurde ein Schatten hinzugefügt.

Ende

Elements verwendet bei dieser Funktion die sogenannten **Pfade**. Im Gegensatz zu den Pixeln des Bildes handelt es sich dabei um Vektorformen.

Der Pfad, der angezeigt wird, verschwindet, wenn Sie eine andere Ebene als die Textebene auswählen.

Fachwort

Hinweis

278 Texte an eigenen Pfaden

Start

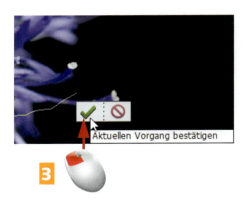

1 Rufen Sie aus dem Flyout-Menü die Option *Text-auf-eigenem-Pfad-Werkzeug* auf.

2 Zeichnen Sie mit gedrückter linker Maustaste den Pfad.

3 Bestätigen Sie das Fertigstellen des Pfades.

In Elements haben Sie auch die Möglichkeit, eigene Pfade zu erstellen, an denen Sie den Text ausrichten können. Damit entstehen neue und interessante Möglichkeiten der Textgestaltung.

Wissen

11 Mit Texten arbeiten 279

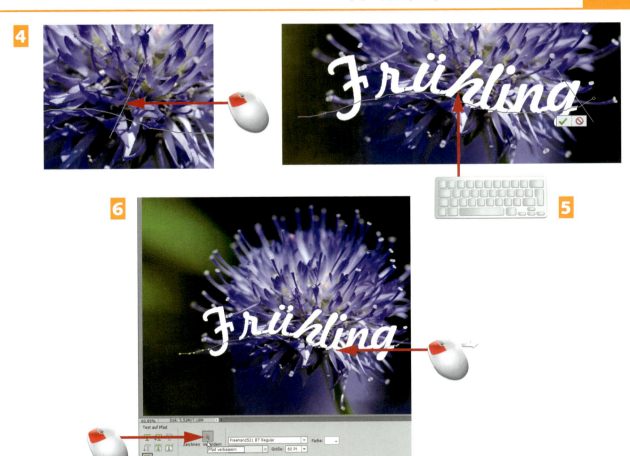

4 Klicken Sie den Pfad an der Stelle an, wo der Text beginnen soll.

5 Tippen Sie nun den gewünschten Text ein.

6 Um den Pfad zu verändern, wechseln Sie in der Optionsleiste zur *Pfad verbessern*-Option. Klicken Sie dann auf einen der Pfadpunkte, um ihn mit gedrückter linker Maustaste zu verschieben.

Ende

Soll der Text nachträglich editiert werden, müssen Sie das Werkzeug *Horizontales Textwerkzeug* aufrufen und in den Text am Pfad klicken.

Der Text beginnt an der Position, an der Sie auf den Pfad klicken.

Tipp

Hinweis

Effekte mit Ebenenstilen

12

282 Einen Ebenenstil zuweisen

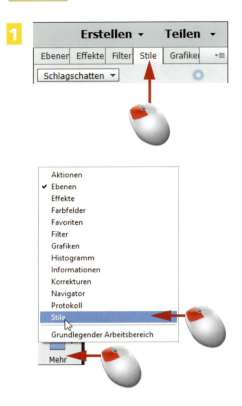

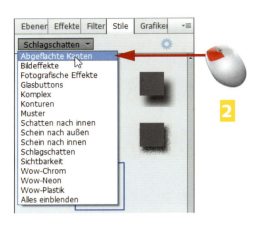

1 Wählen Sie im Kopfbereich die *Stile*-Registerkarte aus. Alternativ dazu können Sie die Registerkarte auch über die *Mehr*-Schaltfläche unten rechts im Arbeitsbereich aufrufen.

2 Im Listenfeld gibt es viele verschiedene Kategorien. Klicken Sie hier auf den Eintrag *Abgeflachte Kanten*.

3 Falls Sie den Hintergrund noch nicht in eine Ebene umgewandelt haben, bestätigen Sie den entsprechenden Hinweis, der nach dem Zuweisen eines Stils erscheint.

Mit den Ebenenstilen von Photoshop Elements haben Sie viele Gestaltungsmöglichkeiten. Neben Schatten finden Sie hier auch Strukturen oder fotografische Effekte.

Wissen

12 Effekte mit Ebenenstilen 283

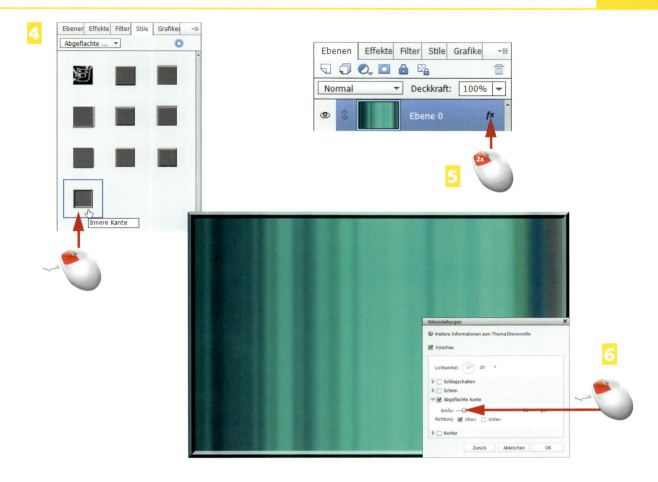

4 Ziehen Sie beispielsweise den Effekt *Innere Kante* in das Dokument. Er wird dann automatisch der Ebene zugewiesen.

5 Klicken Sie doppelt auf das Ebenenstil-Symbol, …

6 … es öffnet sich ein Dialogfeld. Legen Sie hier die Stärke der Effektwirkung fest.

Tipp

Hintergründe können Sie einfach mit einem Doppelklick auf den Eintrag im *Ebenen*-Palettenfenster in eine Ebene umwandeln.

Hinweis

Welche Optionen im *Stileinstellungen*-Dialogfeld aktivierbar sind, hängt vom ausgewählten Ebenenstil ab.

Schriftzüge kolorieren

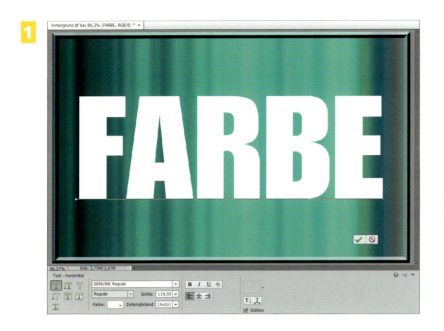

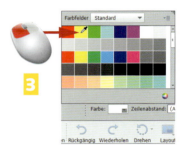

1. Erstellen Sie mit den Arbeitsschritten von Seite 266 einen Schriftzug. Die verwendeten Einstellungen sehen Sie in der Optionsleiste.

2. Ziehen Sie mit aktivem *Textwerkzeug* über den ersten Buchstaben, um diesen zu markieren. Die negative Darstellung zeigt die Markierung an.

3. Wählen Sie aus der Farbpalette in der Optionsleiste die gewünschte Farbe für den markierten Buchstaben aus.

Schriftzüge lassen sich auf sehr unterschiedliche Art und Weise gestalten. Zusätzlich zu den Ebenenstilen haben Sie auch die Möglichkeit, einzelne Buchstaben einzufärben.

Wissen

12 Effekte mit Ebenenstilen 285

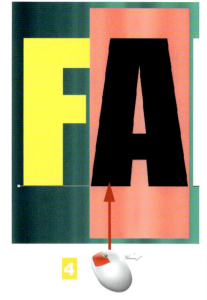

4 Markieren Sie den nächsten Buchstaben und wählen Sie auch hier eine neue Farbe. Setzen Sie dies fort, ...

5 ... bis alle Buchstaben eine eigene Farbe erhalten haben.

Ende

Um Buchstaben einzeln oder in Gruppen umzufärben, müssen diese stets zuerst markiert werden. Die Farbauswahl bezieht sich immer auf die aktuelle Auswahl.

Auch alle anderen Formatierungen können auf die Markierung angewendet werden. So können die einzelnen Buchstaben zum Beispiel unterschiedliche Größen haben.

Hinweis   **Hinweis**

Vorlagen schnell verändern

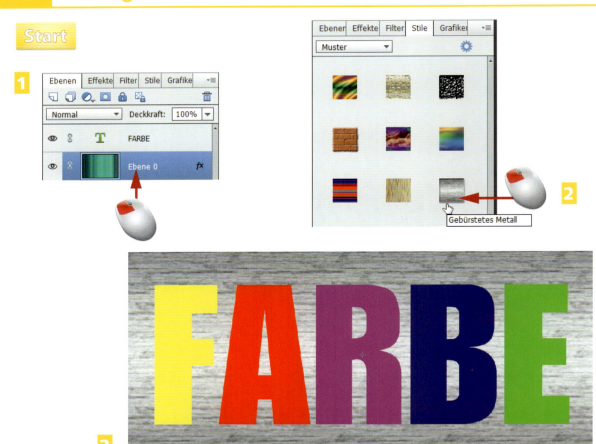

1 Klicken Sie auf die untere Ebene, um sie zu markieren.

2 Nutzen Sie in der *Muster*-Rubrik der Ebenenstile die Option *Gebürstetes Metall*.

3 Danach entsteht das abgebildete Ergebnis.

Haben Sie erst einmal eine Vorlage – zum Beispiel mit Hintergrund und Schriftzügen – erstellt, ist eine Änderung schnell erledigt. Die vielen Ebenenstile laden zum Experimentieren ein.

Wissen

12 Effekte mit Ebenenstilen 287

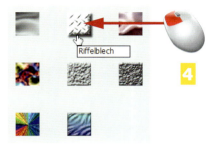

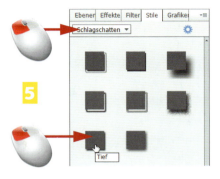

4 Markieren Sie die Textebene und wählen Sie hierfür das Muster *Riffelblech* aus.

5 Weisen Sie zusätzlich aus der *Schlagschatten*-Rubrik den Ebenenstil *Tief* zu.

6 Anschließend sehen Sie dieses interessante Ergebnis.

Ende

Tipp

Probieren Sie doch verschiedene vorgegebene Ebenenstile aus und finden Sie die geeignete Variante heraus.

Hinweis

Sie können mehrere Ebenenstile nacheinander anwenden. Wählen Sie dabei allerdings dieselbe Kategorie, wird der bisherige Stil „überschrieben".

Interessante Hintergründe gestalten

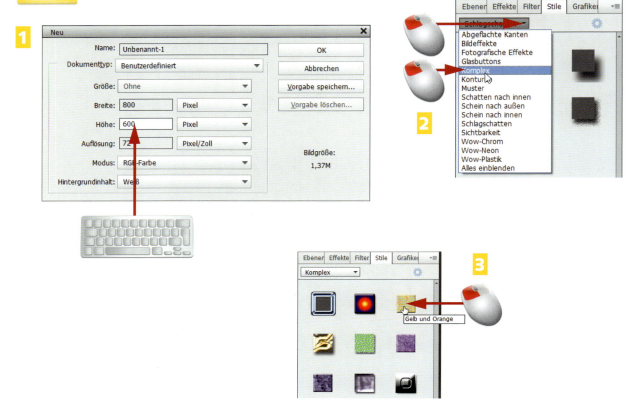

1. Erstellen Sie mit der Funktion *Datei/Neu* ein neues Dokument. Die verwendeten Maße zeigt die Abbildung.

2. In der *Komplex*-Rubrik der Ebenenstile gibt es viele unterschiedliche Materialien. Probieren Sie die Muster nach Lust und Laune aus.

3. In dieser Rubrik kommen neben den Strukturen noch weitere Effekte, wie Schatten oder Konturen, dazu. Wählen Sie die Option *Gelb und Orange*, ...

Bestehende Fotos zu verändern, ist eine Möglichkeit, einen Hintergrund zu erhalten. Mit den Funktionen der Ebenenstile ist es aber auch sehr leicht, aus neuen leeren Dokumenten schicke Hintergrundvarianten zu generieren.

Wissen

12 Effekte mit Ebenenstilen 289

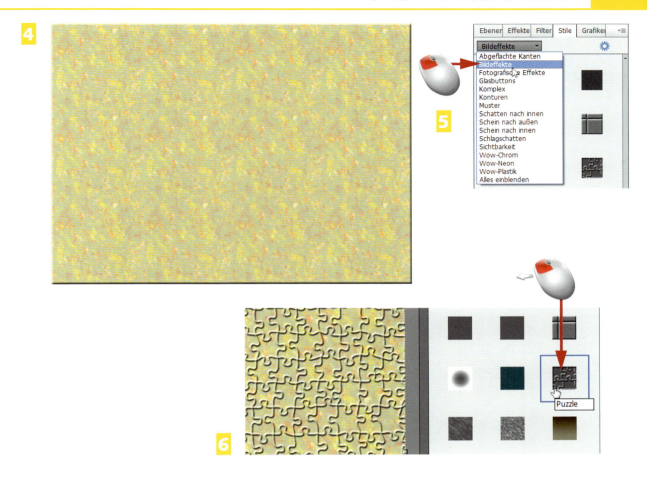

4 ... um dieses Ergebnis zu erhalten. Die Ebene wirkt durch die Schattierungen am Rand ein wenig „erhaben".

5 Weisen Sie außerdem aus der Kategorie *Bildeffekte* ...

6 ... die Option *Puzzle* zu, indem Sie den Stil per Drag-and-drop in das Dokument ziehen.

Sollen die Ebenenstile wieder entfernt werden, klicken Sie mit der rechten Maustaste auf das Symbol im *Ebenen*-Palettenfenster. In dem Menü gibt es die Funktion *Ebenenstil löschen*.

Hinweis

Sind mehrere Stile zugewiesen, können Sie nicht alle Einstellungen verändern. Die Tiefe des Puzzlemusters ist zum Beispiel nicht zu ändern.

Hinweis

Einstellungsebenen einsetzen

Start

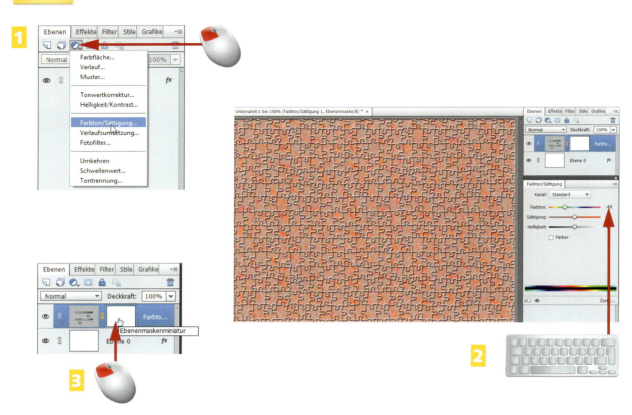

1. Klicken Sie in der Kopfzeile des *Ebenen*-Palettenfensters auf das abgebildete Symbol. Im Menü finden Sie nun die angebotenen Einstellungsebenen.

2. Mit der Einstellungsebene *Farbton/Sättigung* ändern Sie die farbliche Wirkung. Verändern Sie dazu den Wert für den *Farbton*.

3. Nach dem Bestätigen sehen Sie im *Ebenen*-Palettenfenster zwei neue Miniaturbilder. Klicken Sie das rechte weiße Miniaturbild an.

> Ebenenstile lassen sich nachträglich jederzeit anpassen. So bleiben Sie bei der Arbeit flexibel. Neben den Ebenenstilen sind auch die Einstellungsebenen sehr praktisch, mit denen Sie das Ergebnis verändern.

Wissen

12 Effekte mit Ebenenstilen 291

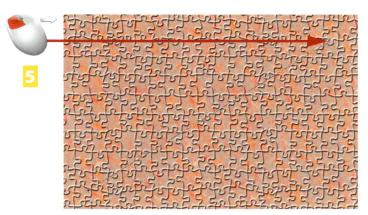

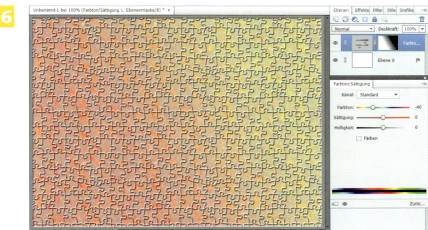

4 Rufen Sie aus der Werkzeugleiste das *Verlaufswerkzeug* auf.

5 Die für dieses Beispiel verwendeten Einstellungen sehen Sie in der Optionsleiste. Ziehen Sie mit gedrückter linker Maustaste eine schräge Linie auf.

6 So entsteht eine reizvolle „Teilwirkung" der Einstellungsebene.

Ende

Hinweis

Neben einem geradlinigen Verlauf finden Sie in der Optionsleiste weitere Varianten. So kann der Verlauf zum Beispiel auch kreisförmig sein.

Hinweis

Die Verläufe sorgen dafür, dass die angewandte Einstellungsebene nur partiell wirkt. An den schwarzen Stellen des Verlaufs wirkt die Einstellungsebene nicht – an den weißen Partien wirkt sie.

Hintergründe effektvoll einsetzen

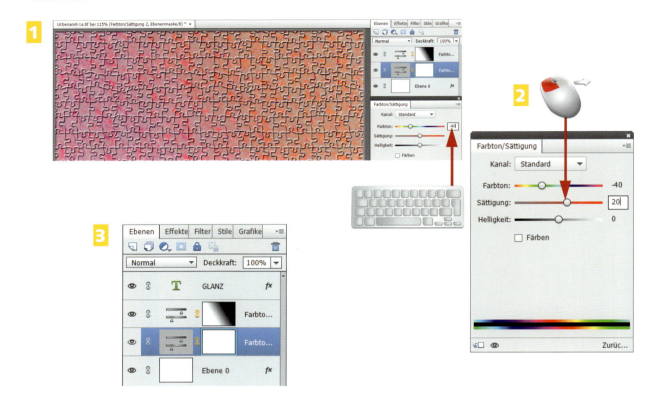

1. Erstellen Sie über dem Hintergrund eine weitere Einstellungsebene. Verwenden Sie für den *Farbton* den Wert *-40*.

2. Die bereits bestehende Einstellungsebene erhält neue Werte. Stellen Sie neben dem neuen Farbton auch eine höhere Farbsättigung ein.

3. Anschließend gibt es zwei Einstellungsebenen über dem Hintergrund.

Ist ein Hintergrund erst einmal gestaltet, lässt er sich schnell durch andere Muster oder veränderte Einstellungen der Einstellungsebenen in eine „ganz neue" Vorlage umwandeln. So wurde bei dem Beispiel auf dieser Doppelseite eine Umfärbung verwendet.

Wissen

12 Effekte mit Ebenenstilen   293

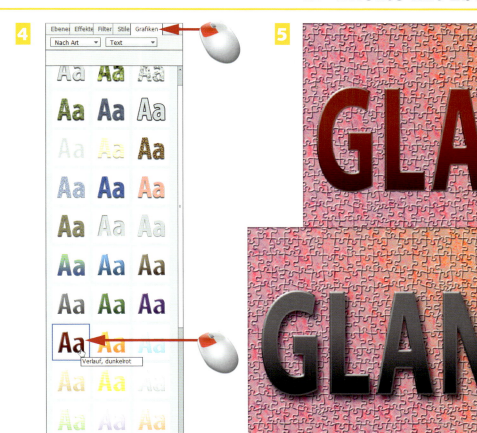

4 Wenden Sie aus der *Text*-Rubrik der *Grafiken*-Registerkarte den Effekt *Verlauf, dunkelrot* an, ...

5 ... um dieses Ergebnis zu erhalten.

6 Probieren Sie auch einmal andere Stile aus – wie hier beispielsweise den Effekt *Verlauf, schwarz*. Zudem wurde hier ein Schlagschatten zugewiesen.

Stöbern Sie einmal in den verschiedenen Rubriken des *Grafiken*-Palettenfensters – es lohnt sich!

Im *Grafiken*-Palettenfenster finden Sie die verschiedensten Vorlagen zu unterschiedlichen Themen und Anlässen. So finden Sie dort zum Beispiel auch Rahmen oder Grafiken.

Hinweis   **Hinweis**

Arbeitserleichterungen und Voreinstellungen

13

296 Arbeitsschritte zurücknehmen

Start

1

1 Nehmen Sie mit der Menüfunktion *Bearbeiten/Rückgängig* den letzten Arbeitsschritt zurück.

2 Klicken Sie auf diesen Menüeintrag, um einen zurückgenommenen Arbeitsschritt wiederherzustellen. Es lohnt, sich die Tastenkombinationen einzuprägen: um Arbeitsschritte zurückzunehmen [Strg]+[Z] und um sie wiederherzustellen [Strg]+[Y].

Niemand arbeitet fehlerfrei. Das macht aber auch nichts. Natürlich stellt Photoshop Elements Möglichkeiten zur Verfügung, um Fehler zu korrigieren. So können Sie beispielsweise Arbeitsschritte zurücknehmen, wenn Sie sich vertan haben.

Wissen

13 Arbeitserleichterungen und Voreinstellungen 297

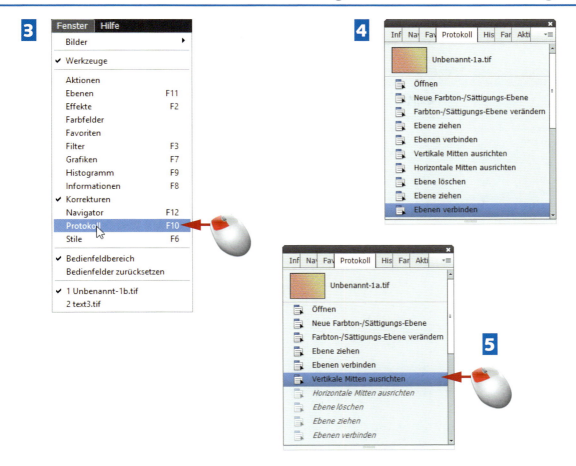

3 Im *Fenster*-Menü finden Sie ein besonderes Palettenfenster. Rufen Sie die Funktion *Protokoll* auf.

4 In dem Palettenfenster listet Photoshop Elements alle Arbeitsschritte auf, die Sie seit dem Öffnen des Dokuments vorgenommen haben.

5 Klicken Sie auf den Eintrag, zu dessen Arbeitsstadium Sie zurückkehren wollen.

Ende

Hinweis

Wollen Sie alle Arbeitsschritte zurücknehmen, die Sie seit der letzten Speicherung des Dokuments vorgenommen haben, verwenden Sie die Menüfunktion *Bearbeiten/ Zurück zur letzten Version*.

Hinweis

Rufen Sie mehrfach die Rückgängig-Funktion auf, wenn Sie mehrere Arbeitsschritte zurücknehmen wollen.

298 Fremde Formate öffnen

Start

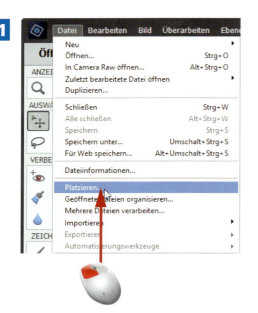

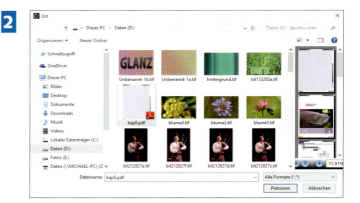

1 Rufen Sie die Funktion *Datei/Platzieren* auf.

2 Suchen Sie in dem Dialogfeld die gewünschte Datei. Rechts sehen Sie ein Vorschaubild.

3 Die importierte Grafik wird als neue Ebene im *Ebenen*-Palettenfenster angezeigt.

Neben den gängigen Pixel-Dateiformaten unterstützt Photoshop Elements auch den Import von PDF-Dateien. So haben Sie die Möglichkeit, Grafiken, die Sie mit einem Grafikprogramm wie zum Beispiel CorelDRAW erstellt haben, in Ihre Fotos zu integrieren.

Wissen

13 Arbeitserleichterungen und Voreinstellungen 299

4 Sie können die Funktion *In Camera Raw öffnen* aufrufen, …

5 … um RAW-Dateien oder Dateien eines anderen Bildformates – wie etwa JPEG oder TIFF –zu öffnen.

6 Danach wird zunächst das *Camera Raw*-Fenster geöffnet, in dem die Einstellungen angepasst werden.

Ende

Das RAW-Dateiformat kann nur gelesen werden. Zum Speichern des Ergebnisses muss ein anderes Dateiformat verwendet werden.	**RAW**-Dateien werden verwendet, um die Kamera-Rohdaten zu erhalten. Die Einstellungen werden dann nachträglich im Bildbearbeitungsprogramm vorgenommen.	Viele digitale Kameras speichern die Fotos nicht nur im komprimierten JPEG-Dateiformat, sondern optional auch zusätzlich als RAW-Dateien.
Hinweis	**Fachwort**	**Hinweis**

RAW-Bilder bearbeiten

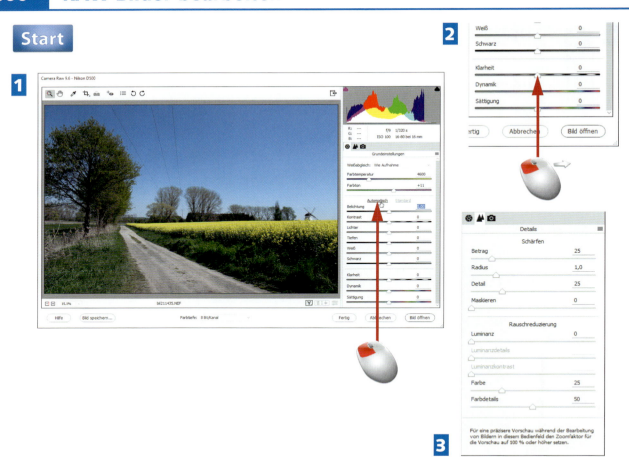

1 Wenn Sie ein RAW-Bild öffnen, werden die vielfältigen Optimierungseinstellungen in einem gesonderten Arbeitsfenster bereitgestellt. Klicken Sie auf die *Automatisch*-Option, wenn die geeigneten Einstellungen automatisch vorgenommen werden sollen.

2 Passen Sie die Werte durch Ziehen der jeweiligen Schieberegler an.

3 Auf der zweiten Registerkarte finden Sie Optionen zum Schärfen des Bildes.

Viele Fotografen benutzen bei ihrer digitalen Kamera gerne das RAW-Format, das die unbehandelten „Rohdaten" der Kamera enthält. So können Sie die gewünschten Bildoptimierungen nachträglich in Photoshop Elements vornehmen. Dies ist in vielen Fällen flexibler als die Bearbeitung der Daten mit den kamerainternen Funktionen.

Wissen

13 Arbeitserleichterungen und Voreinstellungen 301

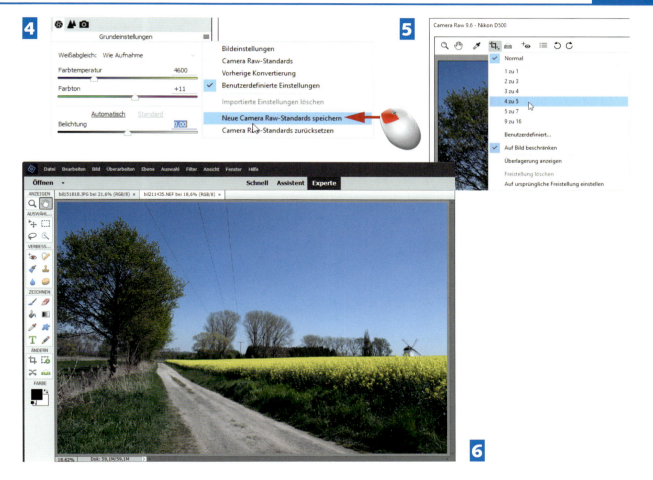

4 Im Optionen-Menü oben rechts finden Sie Optionen zum Laden und Speichern der Einstellungen sowie zum Einstellen von Standardwerten.

5 Über dem Vorschaubild sind unter anderem Funktionen zum Drehen oder Geraderücken des Fotos sowie zum Anpassen der Darstellungsgröße untergebracht.

6 Nach dem Laden des Bildes kann es wie gewohnt mit den bekannten Funktionen von Photoshop Elements verändert werden.

Ende

Wenn Sie Ihre RAW-Fotos etwa in einem Textbearbeitungsprogramm weiterverarbeiten möchten, ist es zwingend nötig, die Bilder in ein anderes Format zu konvertieren – wie etwa JPEG.

Hinweis

Wenn Sie überlegen, Ihre Fotos im RAW-Format aufzunehmen, müssen Sie aber bedenken, dass die Dateien deutlich größer sind, als wenn Sie JPEG-Bilder verwenden würden.

Hinweis

PDF-Dokumente automatisch umwandeln

Start

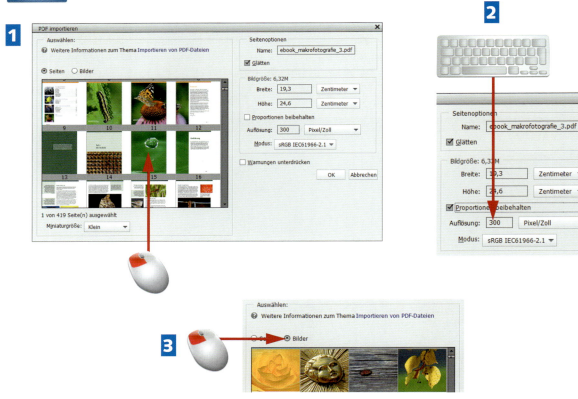

1. Wenn Sie ein PDF-Dokument mit der Funktion *Datei/Öffnen* aufrufen, werden die verfügbaren Seiten in einem gesonderten Dialogfeld aufgeführt. Wählen Sie eine Seite aus.

2. Geben Sie auf der rechten Seite des Dialogfeldes die gewünschte Auflösung an.

3. Markieren Sie im *Auswählen*-Listenfeld die *Bilder*-Option, …

PDF-Dateien begegnen Ihnen häufig im Web. Daher sind auch die Funktionen interessant, die Photoshop Elements anbietet, um PDF-Dateien oder Teile davon zu importieren. Vielleicht wollen Sie ja auch nachträglich Bilder aus selbst erstellten PDF-Dokumenten wieder extrahieren.

Wissen

13 Arbeitserleichterungen und Voreinstellungen

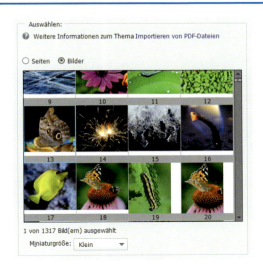

4 ... werden alle Bilder, die sich in einem PDF-Dokument befinden, im Dialogfeld angezeigt.

5 Sie können eine oder mehrere Dateien markieren, die nach dem Anklicken der *OK*-Schaltfläche ...

6 ... in den *Projektbereich* des Editors übertragen werden.

Ende

Hinweis	Fachwort	Hinweis
Das PDF-Dokument wird beim Import „gerastert". Dabei werden die Daten in ein Pixelbild umgerechnet.	**Portable Document Format (PDF)** ist inzwischen zum Standarddateiformat geworden. Hierbei bleiben Gestaltungen erhalten und können auf allen Rechnertypen angezeigt werden.	Wenn Sie die [Strg]-Taste beim Anklicken von Bildern gedrückt halten, können Sie mehrere Bilder gleichzeitig markieren.

Voreinstellungen anpassen

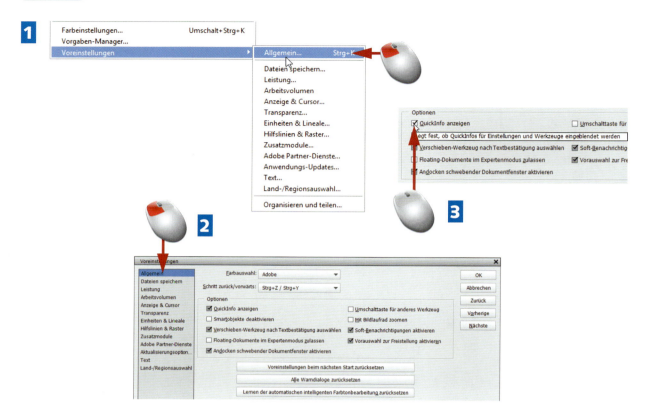

1 Rufen Sie die Funktion *Bearbeiten/Voreinstellungen/Allgemein* auf.

2 Die Voreinstellungen sind thematisch gegliedert. Wählen Sie die verschiedenen Rubriken über das Listenfeld aus.

3 Wenn Sie wissen wollen, was sich hinter einer Option verbirgt, halten Sie den Mauszeiger über die Option. In einem Hilfeschild wird die Option erläutert.

Es ist durchaus empfehlenswert, einmal einen Blick in die Voreinstellungen zu werfen. So können Sie sich Ihre Arbeit mit Photoshop Elements ein wenig erleichtern.

Wissen

13 Arbeitserleichterungen und Voreinstellungen

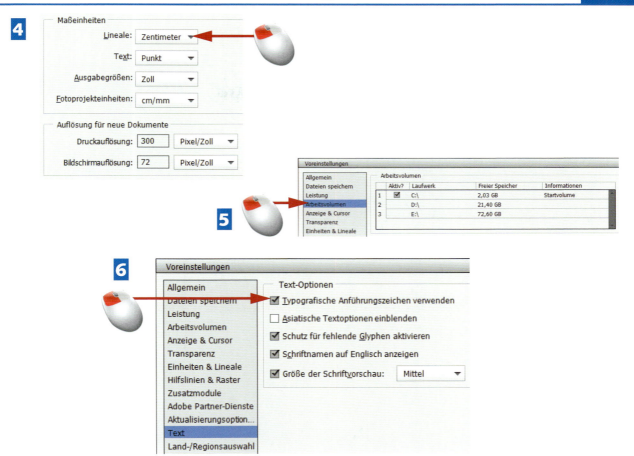

4 Legen Sie in der Rubrik *Einheiten & Lineale* fest, in welchen Maßeinheiten zum Beispiel die Lineale beschriftet werden.

5 Geben Sie in der Rubrik *Arbeitsvolumes* eine Festplatte mit möglichst viel freier Kapazität an.

6 Im *Text*-Bereich legen Sie beispielsweise fest, ob typografische Anführungszeichen eingesetzt werden sollen.

Ende

Hinweis

Die Option *Protokollobjekte* in der Rubrik *Leistung* legt fest, wie viele Arbeitsschritte sich Photoshop „merkt". Damit bestimmen Sie, wie viele Arbeitsschritte Sie maximal zurücknehmen können.

Hinweis

Für die Bildbearbeitung werden stets Daten ausgelagert. Daher ist es wichtig, dass Sie ausreichend virtuellen Speicher bereitstellen.

306 Zusatzmodule aktivieren

Start

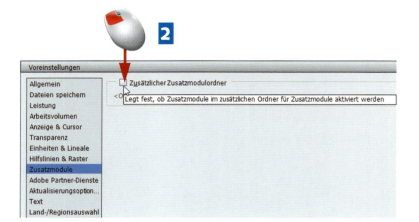

1. Im Bereich *Dateien speichern* gibt es ebenfalls einige nützliche Optionen.

2. Wenn Sie Zusatzmodule – sogenannte Plug-ins – verwenden, rufen Sie die *Zusatzmodule*-Rubrik auf und aktivieren die Option *Zusätzlicher Zusatzmodulordner*.

3. Suchen Sie den Ordner, in dem sich die Zusatzmodule befinden.

Einige Drittanbieter bieten zusätzliche Effekte an, um Bilder zu verfremden, oder auch, um sie besser zu schärfen. Schauen Sie sich bei Interesse einmal die Webseite *google.com/nikcollection* an. Dort finden Sie eine ganze Menge an interessanten Zusatzmodulen für Photoshop Elements.

Wissen

13 Arbeitserleichterungen und Voreinstellungen

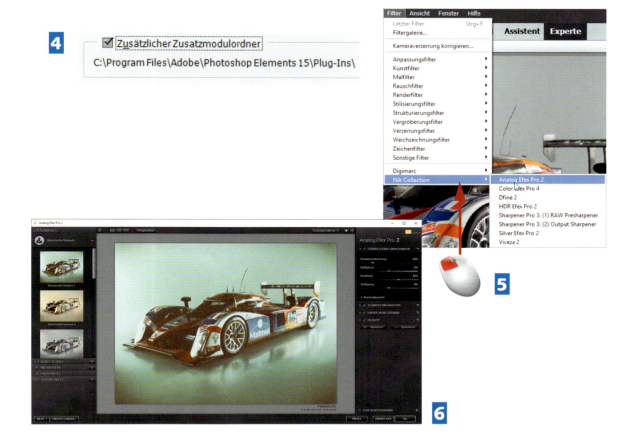

4 Nach dem Bestätigen wird der Ort des hinzugefügten Ordners angezeigt.

5 Nach einem Neustart des Fotoeditors werden die neuen Effekte im *Filter*-Menü am Ende der Auflistung angezeigt.

6 Je nach verwendetem Zusatzmodul werden die Funktionen in einem zusätzlichen Fenster bereitgestellt.

Ende

Als **Plug-in** bezeichnet man zusätzliche Module, mit denen sich der Funktionsumfang von Photoshop Elements erweitern lässt.

Die Arbeitsoberflächen der verschiedenen Anbieter unterscheiden sich sehr deutlich voneinander – hier ist ein wenig Umgewöhnung notwendig.

Fachwort

Hinweis

Der Vorgaben-Manager

Start

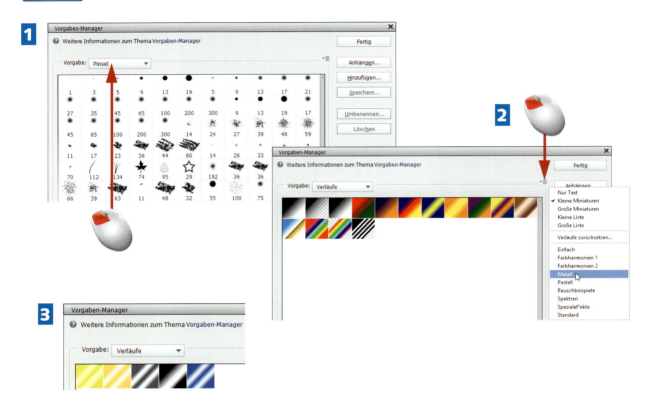

1. Rufen Sie die Funktion *Bearbeiten/Vorgaben-Manager* auf. Wählen Sie im oberen Listenfeld das Thema aus, das Sie ändern wollen.

2. Wählen Sie über das *Erweitert*-Symbol eine der verschiedenen Bibliotheken aus.

3. Dies ist zum Beispiel der Inhalt der *Metall*-Verlaufsbibliothek.

Photoshop Elements liefert eine große Anzahl an verschiedenen Vorlagen mit, wie etwa Muster, Strukturen oder Verläufe. Diese können Sie verwenden, um ohne großen Aufwand ansehnliche grafische Ergebnisse zu erhalten.

Wissen

13 Arbeitserleichterungen und Voreinstellungen

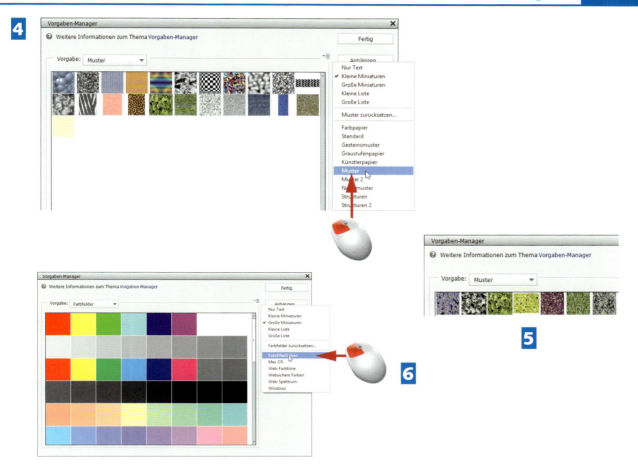

4 Für jedes Thema sind im *Erweitert*-Menü zusätzliche Vorlagen untergebracht – wählen Sie hier die Muster aus.

5 Dies sind die vorhandenen *Naturmuster*.

6 Wählen Sie bei den Farben zwischen unterschiedlichen Farbpaletten.

Hinweis

Mit der entsprechenden Zurücksetzen-Option im erweiterten Menü werden die ursprünglichen Vorlagen wieder eingestellt.

Tipp

Durchstöbern Sie einmal die verschiedenen Bibliotheken – es lohnt sich!

310 Dokumente drucken

Start

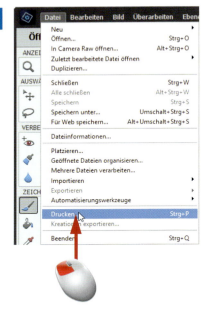

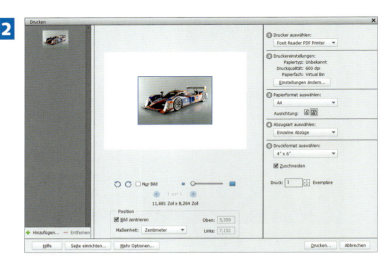

1 Rufen Sie die Funktion *Datei/Drucken* auf, …

2 … dann wird dieses Dialogfeld mit den Druckoptionen geöffnet. Im mittleren Bereich wird die Vorschau der aktuellen Druckseite angezeigt.

Nachdem die Fotos optimiert und bearbeitet sind, wollen Sie sie vielleicht ausdrucken. Auch für diese Aufgabenstellung hält Photoshop Elements vielseitige Funktionen bereit. So können Sie zum Beispiel mehrere Fotos auf einem Blatt Papier ausdrucken. Dies ist für Übersichten nützlich.

Wissen

13 Arbeitserleichterungen und Voreinstellungen 311

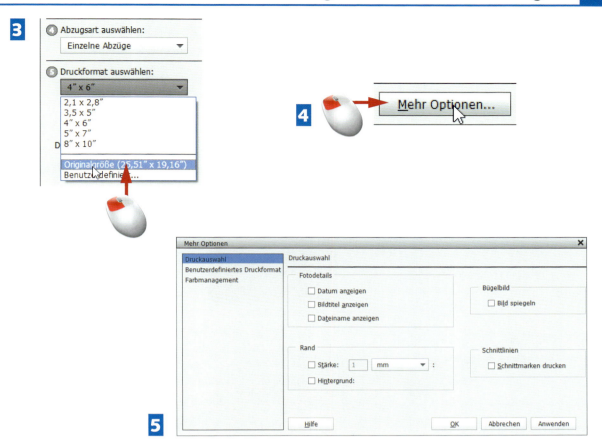

3 Im Listenfeld *Druckformat auswählen* wird die Größe des Papiers eingestellt, auf dem Sie das Ergebnis ausdrucken wollen.

4 Über die Schaltfläche *Mehr Optionen* erreichen Sie in einem gesonderten Dialogfeld ...

5 ... diverse zusätzliche Optionen.

Ende

Wenn beim Ausdrucken die Auflösung zu gering ist, wird ein entsprechender Warnhinweis eingeblendet.

Je geringer die Auflösung ist, umso eher sind die einzelnen Pixel zu erkennen, aus denen jedes Foto besteht. Die Auflösung sollte daher so gewählt werden, dass die Pixel nicht zu sehen sind.

Hinweis   **Hinweis**

Mehrere Dokumente drucken

Start

1 Rufen Sie über dieses Menü des Projektfensters die Option *Dateien aus Bereich drucken* auf.

2 Anschließend werden alle Bilder aus dem Projektbereich in das *Drucken*-Dialogfeld übernommen. Sie sehen sie im Bereich links.

3 Mit der *Hinzufügen*-Schaltfläche werden weitere Fotos in die Liste übernommen.

Oft ist es nützlich, eine Übersicht der Fotos zu drucken. Photoshop Elements stellt zum Beispiel Funktionen bereit, um Kontaktabzüge zu drucken.

Wissen

13 Arbeitserleichterungen und Voreinstellungen 313

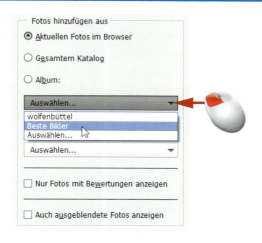

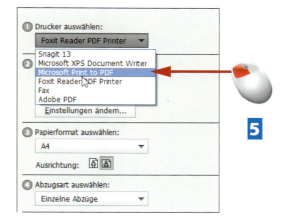

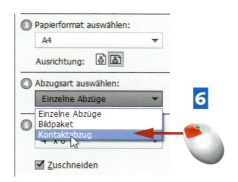

4 Geben Sie in dem neuen Dialogfeld an, welche Fotos ausgewählt werden sollen – dies könnten zum Beispiel die Bilder eines Albums sein.

5 Stellen Sie im oberen Listenfeld den Drucker ein, auf dem das Ergebnis ausgegeben werden soll.

6 In der Abzugsart-Liste wird eingestellt, wie die Fotos ausgedruckt werden sollen – beispielsweise als Kontaktabzug.

Ende

Mit der Tastenkombination [Strg]+[A] können Sie alle Bilder in der Liste markieren.

Bei Bedarf kann der Dateiname des Fotos ebenso wie der Bildtitel und das Erstellungsdatum mit ausgedruckt werden.

Tipp **Hinweis**

Lexikon

Lexikon

Auflösung

Je mehr Pixel auf einer festgelegten Strecke (→ DPI) untergebracht sind, umso höher ist die Auflösung. Bei hohen Auflösungen sind viele Details erkennbar. Dafür wächst die Dateigröße.

Auswahl

Sollen nur Teile eines Fotos verändert werden, muss der gewünschte Bereich markiert – ausgewählt – werden. Zum Auswählen von Bildteilen werden verschiedene Werkzeuge angeboten.

Bildbearbeitungsprogramme

Sollen Digitalfotos im Rechner verändert werden, wird dazu ein Bildbearbeitungsprogramm benötigt. Dort werden beispielsweise Funktionen zur Optimierung oder Verfremdung des Fotos bereitgestellt.

Bildoptimierung

Fotos, die bei der Aufnahme nicht ganz so gut gelungen sind, lassen sich nachträglich im Rechner verbessern. Die → Bildbearbeitungsprogramme stellen Funktionen bereit, um zum Beispiel Helligkeit und → Kontrast des Fotos zu optimieren. Völlig misslungene Bilder werden damit allerdings auch nicht zu Topfotografien.

Blendenflecke

Bei Gegenlichtaufnahmen treten bei der Fotografie Blendenflecke auf. Diese Reflexe entstehen durch den Aufbau der Linsen und sind je nach verwendetem Objektiv unterschiedlich. Mithilfe von Effekten eines → Bildbearbeitungsprogramms lassen sie sich nachträglich als Gestaltungsmittel in Fotos einfügen.

Lexikon

Brillanz

Unter brillanten Fotos versteht man eine kontrastreiche und detaillierte Bildqualität. Bei kontrastarmen Fotos spricht man dagegen von „flauen" Bildern. Die Brillanz eines Fotos kann man nachträglich verbessern.

Browser

Je mehr Dateien sich auf dem Rechner befinden, umso schwieriger wird das Auffinden einer bestimmten Datei. Dabei sind Browser hilfreich, die den Inhalt von Ordnern mit kleinen → Vorschaubildern anzeigen. Das Album von Photoshop Elements ist zum Beispiel ein solcher Browser.

CMYK

Farbmodell, das beim Druck verwendet wird. Die Druckfarben setzen sich aus **C**yan (ein Hellblau), **M**agenta (ein Rosa) und **Y**ellow (Gelb) zusammen. Dazu kommt Schwarz, das mit einem **K** für Key gekennzeichnet ist.

Collage

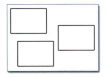

Werden mehrere Fotos in einem Dokument zusammengefasst, spricht man von einer Collage. Diese Collagen werden verwendet, um Bilder attraktiver zu präsentieren. Digitale Fotoalben sind ein solches Beispiel.

Dateiendung, Dateiformat

Jede Datei wird mit einer Dateiendung versehen, um das Dateiformat zu erkennen. → JPEG, → GIF und → TIFF sind solche Beispiele. Die Dateiendungen lassen sich auch mit einem Programm verbinden. Wird dann diese Datei aufgerufen, startet Windows das damit verbundene Programm automatisch.

Lexikon

Dateigröße

Je höher die → Auflösung eines Fotos ist, umso mehr Pixel enthält es. Jedes Pixel benötigt Speicherplatz. So entstehen bei der digitalen Fotografie schnell sehr große Dateien.

Dialogfelder

Einige Funktionen werden in gesonderten Fenstern bereitgestellt, den sogenannten Dialogfeldern. Je nach aufgerufener Funktion können in den Dialogfeldern wenige oder auch sehr viele Funktionen untergebracht sein.

DPI

Dots (Punkte) **p**er **I**nch (2,54 Zentimeter) ist das Maß für die Auflösung von Bildern. Je höher dieser Wert ist, umso mehr Details enthält das Bild. Ist der Wert zu niedrig, werden die einzelnen → Pixel des Bildes sichtbar. Dies sollte nicht passieren.

Ebenen

Standardmäßig bestehen Fotos nur aus dem Hintergrund. Sie haben zusätzlich die Option, Ebenen hinzuzufügen, um beispielsweise Texte oder andere Fotos darauf zu platzieren. Die Ebenen kann man sich wie übereinanderliegende Folien vorstellen.

Effektfilter

Wo früher Pinsel, Pastellkreiden oder Aquarellfarben zum Einsatz kamen, werden heute Effektfilter in → Bildbearbeitungsprogrammen verwendet. Als Ausgangsmaterial dienen „ganz normale" Fotos.

Exif-Daten

(**Ex**changeable **I**mage **F**ile Format) Kameras speichern bei der Aufnahme automatisch diverse Daten mit dem Foto. Die

Lexikon

Exif-Daten

Exif-Daten enthalten unter anderem Informationen über das Aufnahmedatum und die verwendeten Aufnahmeeinstellungen.

Export

Sollen Fotos zum Beispiel in ein anderes Dateiformat umgewandelt werden, muss das Bild in das gewünschte Format exportiert werden. Dabei bleibt die Ausgangsdatei unverändert.

Farbstich

Zeigen Fotos in den Grautönen Farben, spricht man von einem Farbstich. Zur Analyse eines Farbstichs muss allerdings eine neutral graue Fläche im Foto vorhanden sein. Bei der Korrektur eines Farbstichs werden alle Farben so verändert, dass der Farbstich entfernt wird.

Freistellen

Sollen an den Rändern des Fotos Bereiche „abgeschnitten" werden, spricht man vom Freistellen des Bildes. Beim *Freistellungswerkzeug* besteht außerdem die Möglichkeit, das Bild zu drehen.

Gammawert

Der Gammawert verändert die mittleren → Tonwerte eines Fotos. Je höher der Gammawert ist, umso heller wird das Bild. Als Standardwert gilt der Wert 1,0. Einstellungen unterhalb dieses Wertes dunkeln das Foto ab.

GIF

Ein Dateiformat, das oft für Bilder im Internet verwendet wird. Da die Anzahl der Farben bei diesem Grafikformat auf 256 beschränkt ist, eignet es sich für gestaltete Grafiken wie etwa Schriftzüge. Da dieses Dateiformat mehrere Bilder enthalten kann, wird es auch für kleine Animationen verwendet.

Graustufen

Schwarz-weiße Bilder werden auch Graustufenbilder genannt. Hier werden nur die Farben Schwarz und Weiß sowie deren Abstufungen verwendet. 256 verschiedene Nuancen stehen zur Verfügung.

Histogramm

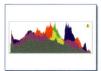

Ein Histogramm ist die grafische Darstellung der im Foto vorhandenen → Tonwerte. Je häufiger ein Tonwert vorkommt, umso höher ist im Histogramm der „Tonwertberg". Jedes Pixel im Bild besitzt eine bestimmte Helligkeit, die als Tonwert bezeichnet wird. Die Tonwerte werden aus den Farbtönen Rot, Grün und Blau zusammengesetzt.

Import

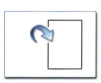

Wollen Sie in ein bestehendes Dokument andere Dokumente aufnehmen, spricht man vom Importieren. Das aufgenommene Dokument kann dabei ein anderes → Dateiformat besitzen.

JPG, JPEG

Grafikformat, das oft für Bilder im Internet verwendet wird. Auch bei Digitalkameras ist dies das gängige Dateiformat. Da es den → TrueColor-Modus unterstützt, ist es für Fotos besser geeignet als für plakative Grafiken.

Komprimierung

Mit der Komprimierung werden die Dateigrößen der Fotos deutlich verkleinert. JPEG komprimiert Fotos beispielsweise auf einen Bruchteil ihrer Ausgangsgröße. Je stärker der Komprimierungsgrad ist, umso deutlicher fällt die schlechtere Bildqualität auf, daher muss ein vernünftiger Kompromiss zwischen Dateigröße und Bildqualität gefunden werden.

Lexikon

Kontrast

Der Unterschied vom hellsten Farbton zum dunkelsten Farbton eines Fotos wird Kontrast genannt. Je ähnlicher Farbtöne sind, umso weniger Kontrast weist das Foto auf. Der maximale Kontrast entsteht zwischen den Farben Weiß und Schwarz.

Konturen

Dort, wo in einem Foto helle Bereiche auf dunkle Bereiche stoßen, analysieren → Bildbearbeitungsprogramme Konturen. Diese Konturen können für Effektfilter verwendet werden.

Landscape

Dokumente, die im Querformat ausgerichtet werden, tragen die Bezeichnung Landscape.

Lichter

Die hellen Töne eines Bildes bezeichnet man im Fachjargon als Lichter. Bei einem Landschaftsfoto sind dies beispielsweise Bereiche im bewölkten Himmel.

Masken, Maskierung

→ Auswahlbereiche werden auch Masken genannt, da damit Bildteile vor Veränderungen geschützt werden können.

Menüfunktionen

In den meisten Windows-Programmen finden Sie am oberen Rand des Arbeitsbereichs Texteinträge. Nach dem Anklicken werden verschiedene Befehle angezeigt.

Negativ

Werden bei Fotos alle Farben „umgedreht", spricht man von einem Negativ. Invertieren ist ein anderer Ausdruck für dieses Verfahren. Dabei wird aus Schwarz Weiß und umgekehrt.

Lexikon

Partition

Zur besseren Ordnung kann die Festplatte in verschiedene „Teile" aufgeteilt werden, die man Partitionen nennt. Für diese Aufgabe gibt es diverse Programme. Das Partitionieren sollte, wenn möglich, direkt nach dem Kauf eines Rechners erfolgen, da dabei Daten verloren gehen könnten.

PDF

(**P**ortable **D**ocument **F**ormat) Ein Dateiformat, das für fertig gestaltete Dokumente zum Beispiel im Internet verwendet wird. Dabei bleibt das Aussehen unabhängig von dem verwendeten Betriebssystem und der verwendeten Software erhalten.

Pfad

Auf der Festplatte werden zur Strukturierung Ordner angelegt. In diesen Ordnern können wieder Unterordner enthalten sein. Wo sich eine Datei auf dem Rechner befindet, wird als Pfad bezeichnet (Beispiel: *C:\Eigene Bilder\Foto1.jpg*).

Pixel

Digitale Fotos bestehen aus lauter kleinen quadratischen Punkten: den Pixeln. Der Begriff kommt von der englischen Bezeichnung Picture Element. Je mehr Pixel in einem Foto enthalten sind, umso mehr Details werden sichtbar.

PNG

Das PNG-Dateiformat kombiniert die Vorteile von GIF und JPEG. So können Sie transparente Bereiche nutzen und bei Bedarf das Ergebnis komprimieren.

Porträt

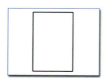

Dokumente, die im Hochformat ausgerichtet werden, tragen die Bezeichnung Porträt.

Lexikon

Präsentation

Sind alle digitalen Fotos fertig gestaltet und optimiert, wollen Sie diese bestimmt Ihren Freunden vorführen. Für diese Präsentation haben Sie mit Photoshop Elements viele Optionen. Das Spektrum reicht von der digitalen Fotoshow bis zur Präsentation in einer Web-Fotogalerie oder auf einer Video-CD. Auch Diashows sind möglich.

Rendering

Das endgültige Berechnen veränderter Daten eines bearbeiteten Fotos wird Rendern genannt. Da das Umrechnen vieler Pixel aufwendig ist, kann das Rendern bei einigen Filtern etwas Zeit in Anspruch nehmen.

Retusche

Werden Fotos ausgebessert oder überarbeitet, spricht man vom Retuschieren. Auch das „Verfälschen" von Bildinhalten gehört zu diesem Themenbereich. So ist es heutzutage ohne Weiteres möglich, Personen aus Fotos zu entfernen und/oder sie vor einem neuen Hintergrund wieder einzufügen.

RGB-Modus

Der **R**ot-/**G**rün-/**B**lau-Farbmodus wird bei digitalen Fotos verwendet. Jedes Pixel setzt sich aus diesen drei Farbwerten zusammen.

Sättigung

Die Sättigung beschreibt die Intensität eines Farbtons. Ist ein Farbton nur schwach gesättigt, ähnelt er einem eingefärbten Grauton. Je stärker die Sättigung ist, umso leuchtender wirkt die Farbe.

Scanner

Gerät zum Digitalisieren von Aufsichtsvorlagen wie beispielsweise Papierabzügen von Fotos. Beim Scannen wird die analoge Vorlage abgetastet. Durch dieses Digitalisieren können auch analoge Fotos nachträglich im Rechner bearbeitet werden.

Scharfzeichnen

Bilder, die unscharf sind, können nachträglich mithilfe eines → Bildbearbeitungsprogramms geschärft werden. Hier sind allerdings Grenzen gesetzt. Ein völlig unscharfes Foto kann nicht in ein perfekt scharfes umgewandelt werden.

Schlüsselwörter

→ Tags

Spitzlichter

Die sogenannten Spitzlichter treten durch Reflexionen in Fotos auf – etwa bei Sonneneinstrahlung auf metallischen Oberflächen. Sie fallen bei digitalen Fotos gelegentlich recht unangenehm auf.

Stil

Sollen bestimmte Effekte auf mehrere Bilder angewendet werden, bietet es sich an, die Einstellungen in einem sogenannten Stil zu speichern. Das Übertragen auf andere Fotos ist dann sehr einfach.

Strichzeichnung

Zeichentechnik, die lediglich aus hellen und dunklen Bereichen besteht, wie zum Beispiel eine Federzeichnung. Diese traditionelle Zeichentechnik lässt sich mithilfe der Effekte in → Bildbearbeitungsprogrammen leicht simulieren.

Lexikon 325

Tags

Um Fotos eindeutig zu identifizieren, besteht die Möglichkeit, zusätzliche Informationen zu speichern, wie etwa Suchbegriffe oder Beschreibungen.
Diese Tags nutzt Photoshop Elements auch zum Sortieren.

Tastenkombination

Einige Funktionen lassen sich zusätzlich auch über die Tastatur aufrufen. Meist ist dazu das gleichzeitige Drücken mehrerer Tasten notwendig. Mit diesem Verfahren erreichen Sie die gewünschte Funktion schneller. Daher lohnt sich das Einprägen der gängigsten Tastenkombinationen.

Thumbnail

(Daumennagel) Im Browser werden Miniaturbilder der Datei angezeigt, die gelegentlich auch als Thumbnails bezeichnet werden. So fällt die Auswahl einer Datei leichter.

Tiefen

Die Schattenbereiche eines Fotos sind die dunklen Bildteile. Sie werden im Fachjargon auch als Tiefen des Bildes bezeichnet.

TIFF

Ein gängiges Dateiformat zum Speichern unkomprimierter Fotos. Dabei bleibt die volle Bildqualität erhalten – es entstehen aber größere Dateien. Dieses Dateiformat kommt häufig bei Druckerzeugnissen zum Einsatz.

Tonwert

Jedes Pixel eines Fotos besitzt einen Wert, der aus den Farbtönen Rot, Grün und Blau zusammengesetzt ist. Dieser Wert wird Tonwert genannt. Besitzen die Farbwerte alle denselben Wert, entstehen graue Töne.

Transparenz

Durchsichtige Teile eines Bildes werden transparent genannt. Diese Transparenz lässt sich beispielsweise einsetzen, um Bilder mit einem verformten Rand aufzulockern. Da Transparenz am Bildschirm nicht dargestellt werden kann, wird zur Verdeutlichung ein Karomuster verwendet.

TrueColor-Modus

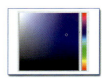

In diesem Farbmodus wird die maximal mögliche Farbanzahl von 16,7 Millionen unterschiedlichen Farbtönen bereitgestellt. Durch die nuancierte Farbwiedergabe ist dieser Farbmodus für Fotos sehr gut geeignet.

TWAIN

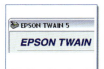

Bei jedem → Scanner wird ein Programm mitgeliefert, das den Scanner ansteuert. Dieses sogenannte TWAIN-Modul wird direkt aus dem verwendeten → Bildbearbeitungsprogramm aufgerufen.

Unschärfe

Normalerweise sind unscharfe Bilder unerwünscht. Das sogenannte Weichzeichnen kann aber auch als interessanter Bildeffekt für die Hintergrundgestaltung verwendet werden.

Vektorgrafik

Grafik, deren Dateiformat eine objektorientierte beziehungsweise vektororientierte Basis hat. Im Gegensatz zum Pixelbild werden die Objekte mathematisch definiert – wie beispielsweise die Anfangs- und Endpunkte von Linien. Dadurch ergeben sich sehr kleine Dateigrößen.

Lexikon

Verlauf

Werden zwei Farben ineinander überblendet, spricht man von einem Farbverlauf.

Vorschau

Wenn ein Bild verändert werden soll, wird meist ein Vorschaubild angeboten. So kann die voraussichtliche Wirkung der Veränderung beurteilt werden, ohne dass das Foto endgültig verändert wird. Erst nach dem Zuweisen wird die Veränderung auf das Bild übertragen.

Weitergabe

Wenn Sie Ihre Fotos oder Kreationen mit anderen teilen wollen, können Sie die Weitergabe-Möglichkeit nutzen und das Ergebnis als E-Mail-Anhang oder auf CD/DVD weitergeben. Auch PDF-Diashows sind dabei möglich.

Zauberstab

Eins der am meisten verwendeten Auswahlwerkzeuge ist der Zauberstab. Damit nehmen Sie Farben mit demselben Tonwert in die Auswahl auf. Mit dem Toleranzwert wird festgelegt, wie ähnlich die Tonwerte dem angeklickten Tonwert sein müssen, um in die Auswahl aufgenommen zu werden.

Zuschneiden

Wenn es überflüssige Bildteile am Rand des Fotos gibt, können Sie diese nachträglich abschneiden. Dies kann vorkommen, wenn Sie nicht nah genug an ein Motiv herangehen können.

Zoom

Um Details in einem Foto besser zu erkennen, kann die Ansichtsgröße verändert werden. Sie können in das Bild hineinzoomen. Die tatsächliche Größe des Fotos verändert sich dabei nicht.

Stichwortverzeichnis

100 %-Ansicht 99, 155

A

Abgeflachte Kanten 282
Abzugsart wählen 313
Alben
    auswählen 105
    erstellen 86
    vorbereiten 178
Alles einblenden 44
Analyse, automatische 53
Anpassen, Voreinstellungen 304
Anpassungsfilter 244, 246
Ansicht-Menü 54
Ansichtsgröße
    100% 201
    bei Korrekturen 155
Ansicht
    vergrößern 36
    verkleinern 99
    wählen 96
Anwenden, Auswahlbereiche 226
Anzeigedauer für Fotos 180
Aquarell-Filter 249
Arbeitsbereich
    Assistent 94
    Editor 93
    Schnell 96
    skalieren 97
    vergrößern 105
Arbeitsschritte
    wiederherstellen 296
    zurücknehmen 296
Arbeitsvolumes 305
Assistent-Arbeitsbereich 93, 94
Assistent-Bereich 228
Assistenten-Modus 232, 234
Auf Hintergrundebene reduzieren 135
Auflösung 105, 199
    Drucken 311
    einstellen 302
Ausgangsgröße ändern 130
Ausrichten 137
Ausschließen-Option 15

Ausstecher-Werkzeug 152
Auswahl
    aufheben 211
    bearbeiten 221
    erstellen 208, 212, 216, 219
    erweitern 218, 222
    begutachten 220
    korrigieren 213, 217
    löschen 214
    schließen 213
    umkehren 209, 227
    verkleinern 220
Auswahlbereich
    anwenden 226
    verfeinern 163
Auswahlform festlegen 212
Auswahlkante
    automatisch verbessern 223
    weiche 209
Auswahlpinsel 224
Auswahlrechteck erstellen 208
Auswahl-Umrandung 270
Auswahlwerkzeuge 212
Auto-Funktionen 95
Auto-Tonwertkorrektur 173

B

Backup 51
Bearbeiten-Menü 296
Bearbeitung, vollständige 102
Bedienelemente 108
Beleuchtung anpassen 124
Bereichsreparatur-Pinsel 156
Bewertung aufheben 73
Bikubisch 131
Bildausschnitt
    einstellen 155
    verschieben 99
    wählen 243
Bildband erstellen 186
Bildbereiche ausbessern 154
Bildbestand filtern 14
Bildeffekt Puzzle 289
Bildeigenschaften anzeigen 56

Stichwortverzeichnis

Bilder
    gerade ausrichten 136
    mehrere bearbeiten 172
    neu berechnen 130
    neu verknüpfen. 60
    neu zusammensetzen 138
    skalieren. 130
    transformieren 132
    umwandeln. 146
    verfremden 144
    verkleinern 131
    verzerren 258
    zusammenmontieren. 166
Bilderleiste anzeigen. 89
Bilderstapel erstellen 234
Bildfehler beheben 170
Bildgröße ändern 130
Bildkorrekturen, drastische 142
Bildlooks 21
Bildoptimierungsstile 127
Bildqualität 117
    beurteilen 37
    optimieren 124
Bildrauschen entfernen 158
Bildretusche, Kopierstempel 156
Bildretusche, Smartpinsel 160
Bildschirmgröße. 98, 120
Bildteile
    ändern 179
    auswählen 208
    entfernen 157, 165
    optimal belichten 169
    schützen. 139, 227
Buntglas-Mosaik 254

C

Camera-Raw-Standards 301
Collagen 198
    erstellen 202

D

Darstellungsgröße 165
    ändern 99, 210
    anpassen 131

Dateibenennung 173
Dateien
    drucken 310
    kopieren 32
    leere 198
Dateiformate, Audio 184
Dateityp 173
Dateiverwaltung 34
Dateiverwaltungsaufgaben 61
Datensicherung 50
Daten speichern 51
Datum ändern 57
Datumssortierung 52
Detailinformationen anzeigen 56
Dialogfelder 108
    Filter 244
Diaschau zusammenstellen 86
Diashow
    erstellen 180
    verfeinern 185
    zusammenstellen 183
Digitalkamerabilder 115, 125
Dokument erstellen 288
Drag-and-drop 179
Druckauflösung 199
Drucker wählen 313
Druckoptionen 310
Dubletten 61
Dunstentfernung 150
Dynamikbereich erhöhen 168
Dynamikumfang 169

E

Ebene
    auf Hintergrundebene reduzieren 215
    durch Kopie 215
    füllen 215
    transformieren 203
    umwandeln 135
    verschieben 203
    verzerren 134
    wählen 202
Ebenenmaske 162
Ebenen-Palettenfenster 133, 290

Stichwortverzeichnis

Ebenenstil 273, 282
   anpassen 283
   kombinieren 287
   löschen. 289
   Symbol. 205
   wählen. 288
   zuweisen 204
Ebenentechnik 201
Editor 93
   einsetzen 120
   starten 92
Editor-Varianten 92
Effektbilder erstellen. 144
Effekte ändern 205
Effekt zuweisen 242, 283
Effekte-Palettenfenster 243, 282
Effektfilter 200, 246
   anwenden 210, 242
Effektvorschau 211
Eigenschaften-Bedienfeld. 118
Einstellen, Pinselgröße 224
Einstellungen
   Collage. 202
   Filter 243
Einstellungsebene. 161, 162
   anpassen 141, 163, 291
   einsetzen 290
   erstellen 292
   verwenden 140
Entsättigung 147
EPS-Datei. 298
Ereignisse markieren 70
Erneut verbinden 61
Erweitert-Menü 309
Exif-Daten 56, 57
   anzeigen. 58
Experte-Arbeitsbereich 93

F
Facebook-Titelbild 192
Farben
   anpassen 114
   auswählen 284
   einstellen 267
   entfernen 146
   verfälschen 144
   wählen. 285
Farbkanäle 147
Farbkurven 126
Farbpalette 267
   wählen. 309
Farbpapier-Collage 248
Farbstich entfernen 101, 114
Farbton ändern 145
Farbton/Sättigung 143
   Einstellungsebene 290
Festplatte 31
Festplattenpartition 35
Filter
   eigener. 262
   Konturen finden 245
   sonstige 262
   Tontrennung 247
Filtergalerie 242, 243
   anpassen 248
Filter-Menü 242
Filtern nach Bewertung. 76
Formatierung. 268
Formatvorgaben. 198
Form-Bibliotheken 152
Formen ausstechen 152
Formen erstellen 153
Fotoalbum
   anpassen 189
   speichern 189
   zusammenstellen. 186
Fotocollage 194
Foto-Downlader-Dialogfeld 32
Fotoeditor 92, 177
Fotoimport 42
Fotokreationen
   erstellen 176
   vorbereiten 178
Fotos
   anzeigen. . . . . 44, , 88
   auswählen 89
   bearbeiten 104
   bewerten 73
   drucken 312
   freistellen 94, 122

Stichwortverzeichnis

kategorisieren 74
korrigieren 112
laden 33, 40
löschen. 38
öffnen 104
optimieren 95
organisieren 49
präsentieren 176
sichten 36
sortieren. 41
speichern 50, 116
stapeln. 82
unregelmäßige 152
verschieben 189
von CD/DVD 43
zusammensetzen. 164
Fotostapel automatisch vorschlagen 42
Fotowechsel. 180
Freistellen, Editor 122
Freistellungswerkzeug. 122
Freistellung zuweisen 123
Frequenz. 216
Füllebene, neue 271
Füllen, automatisch 167
Funktionen, Palettenfenster 106

G

Gammawert 143
Gaußscher Weichzeichner. 210
Gebürstetes Metall. 286
Gerade-ausrichten-Werkzeug 136
Gesichter verzerren 259
Glühbirnensymbol 100
GPS-Daten nutzen 62
Gradationskurven. 127
Grafik, importieren. 298
Graustufen 146
Gruppen erstellen, Ebenen 24

H

Hand-Werkzeug 99
Hell/Dunkel-Balance. 261
Helligkeit/Kontrast anpassen 115
Hilfefunktion 100
Hilfeschilder. 304

Himmel, blauer 161
Hintergrund
　füllen 215
　gestalten 200, 288
　umwandeln. 133, 292
　zuschneiden 136
Horizont 137

I

Importieren 33
　Grafik. 298
　PDF 302
　von Festplatte. 40
Importmöglichkeiten, erweiterte 42
Importstapel 55
Importvorgang starten 41
Informationen
　Aufnahme 57
　ausblenden. 56
Inhalt-Palettenfenster 200, 293
Innere Kante 283
Interpolation 131

J

JPEG-Qualität. 117

K

Kamera oder Kartenleser 53
Kamera-Reset. 57
Kameras, digitale 30
Kameraverzerrung korrigieren 170
Kanten
　betonen-Filter 250
　verbessern 163
Kantenpixel wiederholen. 263
Karomuster 153, 221
Kartenlesegeräte 31
Katalog
　erweitern 40
　starten 28, 34
Katalogdatei speichern 50
Kategorie erstellen 74
Kategorien, Metadaten. 59
Komprimierung 117
　JPEG 117

Stichwortverzeichnis

Komprimierungsgrad 173
Kontaktabzüge. 312
Kontextmenü. 38
Kontrast erhöhen 142
Konturen
    erstellen. 270
    unregelmäßige 152
Konturen-Filter. 252
Konturen finden-Filter. 244, 245
Kopierstempel 156
Korrekturen
    automatische 100, 173
    intelligente 112
    schnelle 112
    verlustfreie 141
    zurücknehmen 112
Korrekturstärke anpassen 101
Kunstfilter 248
Kupfer-Verlauf. 247

L

Ladeoptionen 53
Leuchtende Konturen 253
Lineale 305
Linien, stürzende 134
Löschen, Katalog 38

M

Malfilter 250
Maßeinheiten 305
Medien
    hinzufügen 183
    laden 41
Medienanalyse. 16
Mehrere Fotos drucken. 312
Mehrfachauswahl. 39, 40, 179
Menüfunktionen 108, 114
Metadaten anzeigen. 58
Metall-Verlaufsbibliothek 308
Mezzotint-Filter 256
Miniaturansicht 54
Miniaturbilder anpassen 37
Mitteltöne
    abdunkeln 143
    ändern 125
Muster wählen. 288

N

Naturmuster 309
Navigator 154
Navigieren, Album 188
Neu-zusammensetzen-Werkzeug 138

O

Objekte
    freistellen 214
    suchen 85
Objektivfehler beseitigen 170
Objektsuche 85
Optimieren, RAW-Bilder 300
Optimierungen
    flexible 140
    schnelle 96
Optimierungsoptionen 95
Optionen
    Assistenten-Modus 232
    Versionssatz 119
Optionsleiste 98, 103, 109
Ordnerfenster 32
Ordnerstruktur. 34
Organisieren 49
Orte
    hinzufügen 64
    suchen 62
Out-of-Bounds-Effekt 233
Ozeanwellen-Filter 258

P

Palettenfenster. 100, 106
    auf-/zuklappen 100
    ausblenden. 121
    verschieben 107
Paletten-Menü 106
Palettenpositionen zurücksetzen 107
Panoramabilder 166
Papier einstellen. 311
Partitionen 35
Patchwork-Filter 255
PDF-Datei importieren 302, 303
Personen-Bereich 66
Personenerkennung 66
Perspektive
    bearbeiten 134

korrigieren 171
vertikale 171
Perspektivisches Freistellungswerkzeug 22
Perspektivische Verzerrungen 132, 171
Perspektivkorrektur 22
Pfad . . . ., 55
Sortierung 55
verbessern 279
Photomerge
Belichtung 168
Panorama 166
Szenenbereinigung 164
Pinsel auswählen 156
Pinselgröße einstellen 224
Pixel 41, 199
Platzieren 298
Plug-ins aktivieren 306
Polygon-Lasso 212
Präsentation, Fotos 176
Programm beenden 45
Programm-Module 49
Programm-Modul wählen 49
Programmstart 48
Desktop 48
Projektbereich
anpassen 105
verwenden 104
Protokollobjekte 305
PSE-Datei 189
Punktieren-Filter 257
Puzzle-Bildeffekt 289

R
Rastern 303
Raster verwenden 135
Rauschen reduzieren 159
Rauschfilter 254
RAW-Bilder bearbeiten 300
Reparatur-Pinsel 156
Riffelblech-Muster 287
Rote Augen automatisch korrigieren 33
Rückgängig-Protokoll 297

S
Sättigung 113
optimieren 113
verstärken 145
Schärfe-Filter 253
Schatten
einfügen 277
einsetzen 287
Schlagschatten 287
zuweisen 204
Schlüsselwörter
suchen 76
verwenden 72
Schnell-Arbeitsbereich 96
Schnellauswahl-Werkzeug 222
Schnell-Korrekturbereich 93, 112
Schriftgestaltung 272
Schriftgröße anpassen 266
Schrift kolorieren 284
Schriftzug verbiegen 272
Schwarz-Weiß-Bilder 146
SD-Speicherkarte 30
Seite erstellen 198
Seitenverhältnis beibehalten 123
Sicherheitskopie, DVD 51
Smartpinsel verwenden 160
Smart-Tags 14, 16
Sofortkorrektur 18
Solarisation-Effekt 127
Sortieren, nach Tags 76
Sortier-Hilfsmittel 82
Sortierkriterien festlegen 54
Speicher 305
Speicherkarten 30, 31
Speichern
CD/DVD 51
Fotos 50, 116
Stapel 43
anzeigen 82
ausgewählte Fotos 82
löschen 42
übernehmen 42

Stichwortverzeichnis

Startbildschirm 49
Starten, Programm 48
Stempel-Filter 260
Stichwort-Tags 72
    und -Alben 75
Stilisierungsfilter 252
Stil-Liste 226
Stil zuweisen 273
Störungen 255
Strukturen 263
    zuweisen 201
Strukturierungsfilter 254
Suche
    aktivieren 76
    Informationen 72
    nach visueller Ähnlichkeit 84
Suchkriterien
    erstellen 74
    erweiterte 72
Sumi-e-Effekt 251
Szenenbereinigung 164

T

Tag-Reihenfolge ändern 75
Tags 73
    entfernen 77
    zuweisen 72, 75
Tastenkombinationen 109
    Alt + F4 45
    Strg + A 179
    Strg + I 253
Textattribute einstellen 266
Text-auf-eigenem-Pfad-Werkzeug 278
Text-auf-Form-Werkzeug 276
Texte
    an Pfaden 278
    editieren 279
    eingeben 268
    formatieren 268
    skalieren 269
    verkrümmen 274
    verschieben 275
Textebenen 269
    aktive 274

Texteffekte 293
Texteinstellungen 305
Textfarbe einstellen 267
Textkontur 270
Textwerkzeug 284
    Horizontales 266
Toleranzwert 218, 219
Tontrennung-Filter 247
Tontrennung und Kantenbetonung 249
Tonwerte 101
Tonwertkorrektur 124, 142
Tonwertkorrektur-Palettenfenster 141
Tonwertspreizung 142
Transformieren, Ebene 203
Transparenz 221
Trefferanzeige 77

U

Überarbeiten-Menü 124, 142, 143
Übersichten drucken 312
Umkehren-Filter 253
Umrandung 270
Unschärfe einstellen 211
Unscharf maskieren 115, 253
    Filter 125
Unterkategorie
    erstellen 75
    einblenden 76
Untermenüs 108
Ursprungspunkt festlegen 157

V

Vektorformen 277
Verarbeiten, mehrere Dateien 172
Verflüssigen-Filter 259
Vergrößerungsfilter 256
Verknüpfungen 61
    verlorene 60
Verlauf
    ändern 247
    anpassen 247
    zuweisen 293
Verlaufsbibliothek 308
Verlaufsumsetzung-Filter 246

Verlaufswerkzeug 291
Verschieben-Werkzeug 188, 202, 269
Verschiebungseffekt 262
Versionssatz 117
    einsetzen 118
Verwacklung reduzieren 148
Verzerrung
    Ebene 134
    perspektivische 134
Verzerrungsfilter 258
Virtueller Speicher 305
Visuelle Ähnlichkeit 84
Vollbildansicht 88
    verlassen 89
Vollständig-Arbeitsbereich 102
Voll-/Teiltreffer 77
Volltonfarbe 271
Von Auswahl abziehen 225
Vordergrundfarbe einstellen 255
Vorder-/Hintergrundfarben 261
    festlegen 103
Voreinstellungen
    allgemeine 304
    anpassen 52
    Diashow 180

Vorgaben-Manager 308
Vorgängerversion 29
Vorlagen 308
    Ebenenstile 204
    Hintergrund 200
    verändern 286
Vorschaubild 41

W
Weiche Kante 209, 212
Weichzeichnungsfilter 260
Werkzeug auswählen 103
Werkzeugleiste 103
Werkzeugoptionen 109
Wölben-Filter 259
Wow-Plastik-Stil 273

Z
Zauberstab einsetzen 218
Zeichenfilter 260
Zeitleiste 44
Zellengröße 257
Zoom-Werkzeug 98, 150, 154, 120
Zurück zur letzten Version 297
Zusatzmodule aktivieren 306

Makro- & Nahfotografie

Entdecken Sie mithilfe der Tricks eines Fotoprofis die faszinierende Welt der kleinen Dinge, ohne sich gleich ein kostspieliges Equipment zuzulegen.

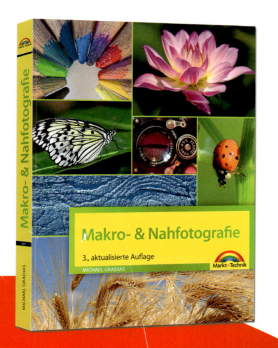

In diesem Grundlagenwerk in der bereits dritten Auflage wird Ihnen fachkundig vermittelt, wie Sie auch mit einem kleinen Budget den Bereich der Makro- und Nahfotografie erobern.

Makro- & Nahfotografie
Michael Gradias
408 Seiten
ISBN 978-3-945384-11-4
€ 19,95(D) | € 20,60(A)
www.mut.de/8411

www.mut.de